ソーシャルビジネスで拓く多文化社会

多言語センターＦＡＣＩＬ・24年の挑戦

吉富志津代 監修
特定非営利活動法人 多言語センターＦＡＣＩＬ 編

明石書店

まえがき

一九九五年の阪神・淡路大震災が、私たちの活動の原点である。年齢、性別、出自などにかかわらず、住民みんなが同じ「被災者」になって、住民たちが自らの多様性に気づかされ、そのみんなで助け合い、復興に力を合わせなければならなかった。これを契機に「多文化共生」という言葉が広がり、この年は、「ボランティア元年」と言われた。

そのような状況で、被災状況がひどかった長田区のカトリックたかとり教会内の「たかとり救援基地」（現たかとりコミュニティセンター）に集まった人たちが、さまざまな小さな活動をはじめ、必要に応じてアメーバのように柔軟に形を変えながら現在に至るプロセスで、「多言語センターFACIL」は生まれた。敷地内外の団体と連携し、メンバーは重なり合いながら、多文化共生のまちづくりを旗印に、これまで二八年間ここで活動してきた。その変遷は、「阪神・淡路大震災から一〇〇〇〇日を迎えて　たかとりコミュニティセンターの歩み」（34・35ページ）の図表を参照していただきたい。

この記録誌は、その中の「多言語センターFACIL」と「ワールドキッズコミュニティ」の二つの団体について、二四年を経て、団体の代表者がようやく世代交代する機会を節目として振り返り、今後に伝えるためのものとしている。日本社会にNPO法人という組織が生まれはじめたころに活動を開始し、まだコミュニティビジネスやソーシャルビジネスという名称が一般的ではなかったころに、試行錯誤を繰り返しながらそのビジネスに挑戦をした。これまで継続できたのは、たかとりコミュニティセンターという場所と仲間たちの存在のおかげであることもしっかりと伝えて今後の活動のあり方を考え、次の世代に受け渡したいと思う。

市民の社会貢献としての活動は昔からあったが、NPO法が制定されてその形が整備されていき、NPO法人という組織も認知が広がった。それが進化であることはまちがいないが、それによって見えなくなっていく大切なことがないかどうか、そしてビジネスという形態と市民活動という目的の間で、雇用形態をどのように安定させるのか、安定そのものが社会にとって進化なのか退化なのか、そのような揺れ動く思いは、今でも答えが見つからない。その途上において、課題も含めて後継に託していきたいと思う。

この記録誌が、手前味噌の自己満足のためのものではなく、これまで協力や応援をしてくださったみなさまへの感謝を込めて、より多くの方たちに関心を持っていただけるよう編集メンバーでくふうしたことを感じていただけたら嬉しい限りである。

二〇二三年八月

NPO法人多言語センターFACIL
特別顧問（設立代表者）
吉富 志津代

目次

第3部　外国にルーツを持つ住民のキャリアパス

コラム

第 1 部

多言語センター FACIL の 24 年

はじめに　活動を伝えることの意義

ＮＰＯ法人多言語センターＦＡＣＩＬ（以降、ＦＡＣＩＬ）の設立から二四年を経て、今では日本に定住する、日本語が母語ではない外国出身の住民たちの実態が少しずつ可視化されてきた。しかし、政府・行政機関や市民団体などによる情報の多言語化は、かなり促進されつつあるとはいえ、地域差や言語差、人びとの認識の格差など、まだまだ課題は山積している。地域社会の構成員として暮らす住民がすべて平等に大切な情報を得て社会保障制度にも平等にアクセスでき、双方向のコミュニケーションが進むことによって展開される民主的な多文化共生が社会の大前提となるためには、これからもさまざまな活動の継続が必要である。これまでの私たちの活動を記録することによって振りをし、今後の活動を考える機会としたい。また、この記録を多くの人に知ってもらうことで、関心のある人たちが一人でも増え、共感を持って活動への理解と協力の輪が広がればと思う。

一・設立までの社会状況――日系人受け入れ政策、阪神・淡路大震災

一九九〇年、実際に日本社会が必要としたのは労働力であったのに、身分関係の在留資格で門戸を開くという方法で出入国管理及び難民認定法（入管法）が一部改正され、多くの日系南米人が来日した。日系人とはいえ、すでにその多くは言葉も文化・習慣も異なる「外国人」であり、政府の受け

入れ対策が不十分なまま地域社会に混乱が起き、おもに自動車産業や食品工場などがある日系南米人の集住地域から、多くの草の根レベルの活動がはじまった。ほとんどの日系人が二～三年で帰国をするつもりで来日したが、かつて南米に移住した親や祖父母がすぐには帰国できなかったように、生活基盤ができれば家族を呼び寄せ、または結婚や出産などによって日本に家族ができ、その滞在は長期化していく。それにつれて生じる問題は、単なる情報提供の問題から医療や教育などより広く深いものになり、多岐にわたる市民活動が要求されることになる。そして各地域に設置されていた従来の英語や中国語の生活相談窓口に加えて、より多くの言語への窓口対応がはじまった。

　そして一九九五年の阪神・淡路大震災の発生により、地域住民とのつながりの大切さが見直され、同じように被災した、社会的弱者として暮らしている外国人への視点がクローズアップされた。現在では、より多くの言語で専門的な相談対応や地方への巡回相談も実施され、課題解決を目指す、在日外国人支援の大きなうねりとなった。震災を機に芽生えた隣人との助け合いの精神は、その復興の過程で、外国人も住民として含む地域のまちづくり意識へと進化した。

　並行して日本の市民活動のあり方も、善意の個人による奉仕活動としての無償ボランティアから、NPO・NGO[1]という組織的な活動主体へと移っていった。それは日本社会の市民活動全体に大きな影響を与え、一九九八年の特定非営利活動促進法の制定に至った。日系南米人の受け入れと、大きな災害を契機として、社会を構成する住民の多様性に合わせて、求められる公的サービスは行政だけで

1　市民活動は、現在日本でも Non-governmental organization(NGO), Nonprofit organization (NPO) という言葉でも表されるようになった。

は対応しきれなくなってきた。その時期と、住民が自分たちの「まちづくり」に主体的に関わろうとする意識の高まりが重なり、社会的課題の解決を行政機関だけに任せるのではなく、住民との連携が必要であるという認識も広がりはじめた。

これまで外国人支援は、在日韓国・朝鮮人の人権運動などを中心に一部の市民主導で地道な活動を積み重ねてきていたが、その後の状況により、いくつかの地域での活動の広がりになっていったと言える。それは世界中の人の移動に呼応する形で加速していき、在日外国人の権利を守る運動は、日本社会の住民とともに目指す「多文化共生のまちづくり」[2]という動きへと方向づけられていった。運動はさらに、住民とNPO・NGO、行政、企業などがネットワークを築き推進する、多様な活動主体による協働事業の模索へと展開しつつある。

二．震災復興の外国人支援からコミュニティビジネスへ

このような背景から、行政および地域社会と外国語話者を情報でつなぐ媒介者として、「コミュニティビジネス」という、当時は新しい手法による活動主体として、FACILは「多文化共生センター・神戸」（代表・吉富志津代［当時］）のプログラムとしてはじまった。FACILは、震災時に情報弱者であった、日本語の理解が不十分な住民への情報提供に関わったボランティアたちを主な登録者として、一九九九年に「兵庫県被災地コミュニティビジネス離陸応援事業助成金」を資本に設立された。コミュニティビジネスとは、「地域の課題を地域住民が主体的に、ビジネスの手法を用いて

解決する取り組み」と捉えられている。最近では社会的起業やソーシャルビジネスといった名称でも、全国的に注目をあびているビジネスの形態である。当時は、神戸市中央区に事務所を置いていたが、二〇〇〇年より団体として独立し、長田区のたかとりコミュニティセンター内に移転した。設立趣旨は次のとおりである。

(一)これまで運用があいまいであった分野における翻訳・通訳業務に適正基準をつけ、地域ニーズへの安定的基盤をつくる。あわせて、翻訳・通訳能力の開発や雇用機会の拡充につなぐ。
(二)在日外国人コミュニティの自助活動に寄与する。
(三)多言語・多文化環境政策に提言を行う。

多言語・多文化をつなぐコーディネーター役として、住民、市民団体、自治体、企業などからの依頼に応えて、七四言語(二〇二三年現在)による、多言語翻訳・通訳、およびホームページ・DTP制作企画や、多文化に関するイベント/セミナー企画事業に取り組んでいる。

FACILの設立の背景には設立代表者である吉富志津代の二つの経験がある。かつて、吉富は神戸にあった在神戸アルゼンチン総領事館の職員を経て、一九九〇年に在神戸ボリビア名誉総領事館に再就職をしていた。その年は、入管法の一部改正が施行された年で、以後、日系人とその家族が急

2 「多文化共生」という言葉を批判的に捉える声もあるが、ここでは、せっかく広がったこの言葉の真意を正しく理解することで、その批判を超えたいという思いで、これを使用する。

速に日本に定住しはじめる最初の年だった。当時、日本では工場等で労働力不足もあり、表向きは血縁関係での受け入れでありながらも、海外からの労働力でそれを補うという目的があった。しかし、受け入れ体制は整備されていたとはいえず、日系人とはいえ、第一言語が日本語ではなくスペイン語かポルトガル語であるうえ文化・習慣も異なるなかでの生活は、さまざまな受け入れ現場で混乱を招いた。そのような状況で、スペイン語でのコミュニケーションが可能なその領事館は、多くの生活相談をうける駆け込み寺状態になっていた。

そこに持ち込まれる相談の一つに、各種書類の翻訳があった。当時、多くの日系人は短期ビザで日本に入国し、その後に日系人であることを証明するための出生証明書や婚姻証明書等を提出して定住ビザへの変更申請をしていたが、それらの必要書類がスペイン語であったため、日本語翻訳文を添付しなければならなかった。しかし通常の翻訳会社での一枚の翻訳料は、当時一万円ほどかかり、家族全員で申請するための必要書類の翻訳は一〇枚以上になることもめずらしくなく、困って相談してくる南米出身者はあとを絶たなかった。

そこで吉富は厚意で無償で翻訳をしたが、うわさを聞きつけて依頼があまりにも殺到し、一人では対応しきれなくなった結果、翻訳ができる友人に頼むために一枚二〇〇〇円の翻訳料を提示したところ、それでもありがたいからと、やはり翻訳依頼は増えていった。そのとき吉富は、社会に必要とされる業務であるにもかかわらず、薄利なために仕事として流通していない隙間産業があることを知った。

また、阪神・淡路大震災後、日本語でしか提供されていないさまざまな重要情報を、日本語の理解がまだ不十分な住民にも伝えることの必要性が認識されてきたものの、その翻訳業務は無償のボランティア領域だと考えられ、継続して社会に定着させることが難しいということも感じた。

このような二つの経験から、これに対価をつけて、社会の情報の多言語化を促進するためにも、この隙間の仕事をつくることの意義を感じたのである。そして、行政情報や地域情報の多言語化をコミュニティビジネスとして成立させることが必要だと考え、ＦＡＣＩＬの設立に至った。

ＦＡＣＩＬの価格設定はもともと市場価格の八〇パーセント程度を基本にしたが、それ以外にも特徴がある。個人の依頼のうち、依頼者が日本に住むために、例えばビザの申請手続きに必要な公的機関からの定形書類の翻訳に関する料金は、通常の料金の三〇パーセント程度に設定して依頼しやすくするという配慮をしている。また、学校現場の外国出身の子どもたちの学習や相談のための通訳料金設定も、通常の通訳料金の五〇パーセント程度におさえている。そのほか社会貢献事業として、医療通訳制度を目指すモデル事業に関しては、第二部で詳しく記述している。翻訳・通訳者もそういった方針を理解した人たちが多く登録をしている。

個人的依頼以外に多いのは、やはり行政が出すさまざまな情報の翻訳である。介護保険など各種保険制度に関する情報、ごみの出し方ルールの説明など、日本での生活に必要な情報について、地方自治体や政府自体が生活ガイドブックとして、その地域の外国人の住民構成で人数の多い言語を優先して、数言語への翻訳を依頼されることが多い。兵庫県国際政策課（当時）の藤井英映さんに、こういった生活ガイドの内容は全国的に共有できるものも多いので、国レベルでのベースを作成する必要があると提案したところ、藤井さんが自治体国際化協会の補助金を兵庫県の予算として確保し、県内の自治体のネットワークで実行委員会を構成して、FACILに業務委託をし、その活動連携は高く評価された。

大幅な改正がなされた新在留制度に関する多言語への翻訳の依頼もあった。神戸国際協力交流センター（現・神戸国際コミュニティセンター）からは、多言語防災カード作成について、その企画からの業務依頼があり、FACILのさまざまな情報・知見が活かされたカードが作成された。ニュースレターなどの定期的な翻訳依頼もある。そして、大学やNPOの国際フォーラムやイベントに関連した翻訳・通訳の依頼、その機関の紹介ウェブサイトの多言語化のための翻訳依頼もある。企業の商品紹介、整骨院から整体に関する海外での発表資料のための翻訳など専門性の高い依頼もある。地域住民でありながら日本語の理解が不十分なため情報が得られない住民への情報の多言語化という視点ではじめたコミュニティビジネスは、ビジネスとしての市場を拓き、仕事の創出にもなってきている。業務そのものが、翻訳という技術をもっているにもかかわらず能力が活かされていなかった外国出身住民に仕事を提供することにもなる。

また、その翻訳者の育成のために、FACILは「ツール・ド・コミュニケーション」（以下、ツールド）と協力して、多言語生活情報誌「東西南北」（やさしい日本語も含めた九言語）を発行していた。これは、まだ翻訳の初心者に、謝礼として図書カードでボランティア翻訳をしてもらい、熟練した翻訳者がそれを有償でチェックする、そのプロセスで翻訳の研修になるという体制である。

さらに、これらの仕事をコーディネートするという業務には、依頼内容と翻訳・通訳登録者のマッチングのみならず、翻訳や通訳に不慣れなそれぞれの依頼者への説明、アドバイスも含めたコンサルティング業務も含み、以下のように、かなりの経験と熟練が求められ、多岐にわたる業務を行わなければならない。

翻訳・通訳コーディネーターの仕事

【つなぐ業務】

- 依頼者との業務内容に関する調整、交渉、情報収集
- 翻訳・通訳者への業務依頼、マッチング、日程調整、価格説明と交渉
- 依頼者および翻訳・通訳者との信頼関係の構築
- 依頼内容に応じた、翻訳・通訳に関わる情報の収集・整理・説明
- 依頼者側の業務体制、事情や組織文化の把握と翻訳・通訳者への助言
- 依頼者への翻訳・通訳者のレベル、経験値、状況等の適切な説明

【内容に応じた適正な翻訳・通訳を提供するための準備業務】

- 言語、依頼者の出身国ごとの独特な背景知識のアップデート
- 依頼者への翻訳・通訳を取り扱うための情報提供・サポートやアドバイス
- 翻訳・通訳者へ提供するための情報収集・サポート・アドバイス・スーパーバイズ
- 翻訳・通訳コーディネーター間の細やかな情報共有と引き継ぎ

【トラブル対応】

- トラブル時の公正な状況把握・アフターケア

・依頼者と翻訳・通訳者の間の公平な立場を意識しつつ、緩衝装置として解決へ導く
・依頼者へのじゅうぶんな聞き取りと翻訳・通訳者側の事情説明
・翻訳・通訳者へのカウンセリングと今後に向けたフィードバック
・情報収集・課題分析を通して全関係者で経緯共有し、解決策と今後の対応策を協議

【翻訳・通訳者にとって働きやすい環境の整備】

・翻訳・通訳者のメンタルケア・精神的サポート
・翻訳・通訳者同士の交流・意見交換の場の設定
・依頼者への社会的気づきへ問題提起・対策の提案
・翻訳・通訳者の言語レベル、経験値、性格、志向、状況のじゅうぶんな把握
・翻訳・通訳者の精神的負担を減らし、より活躍できるための方法を検討し交渉する

【翻訳・通訳者の確保】

・会社、団体、大学、行政など他機関との日常的な連携
・翻訳・通訳者の育成・リクルート
・翻訳・通訳者のレベルアップ補助（他機関が開催する勉強会や研修会の案内）
・翻訳・通訳者のモチベーションの維持のために翻訳・通訳の意義の説明

【事務】

・依頼者への見積・納品・請求・報告など各種書類作成
・翻訳・通訳件数などの総合的な概要の把握

- 翻訳・通訳者への支払い、必要に応じて証明書作成、年末調整等の会計処理業務
- 翻訳・通訳者の登録に関わる個人情報の管理
- 翻訳・通訳者からの誓約書、報告書などの管理

【その他】

- 調査への協力、他機関へのコーディネート研修等その他関連業務
- 年間契約やイレギュラーな対応について依頼者との契約事務
- 依頼者からのリクエストに応じた資料等の作成・提供
- 遠隔通訳の推進のため、Zoomやクラウド同時通訳システムの調査・試用
- 遠隔通訳のために必要な依頼者向けの掲示物の整備
- 会計ソフトやデータベースソフトの整備
- 業務プロセスの見直し
- 入札参加資格の取得・更新・継続
- 翻訳・通訳以外の仕事（レイアウト、ナレーション収録、ネイティブチェック、クロスチェックなど）の関係者との協議、調整、交渉

コラム❶ ウォロフ語の通訳をお願いします!?

李裕美（FACIL理事長）

通算七〇言語以上に対応してきたと言うと、よく、「登録者がいない言語の場合はどうするんですか?」と聞かれる。答えは「あきらめないで探す」に尽きる。コーディネートというと単に左から来た依頼を右に渡す、もしくは依頼とすでにそこにいる登録者をマッチングするイメージを持たれがちだが、実はかなり多くの時間を探すことに費やしている。

例えばある日、救急病院から「ウォロフ語の通訳お願いできますか? 患者の家族との通訳をお願いしたい」と電話がかかってきた。マイナー言語の依頼は急ぎであることが多いが、そんな言語がこの世にあることをいま知ったとしてもFACILの通訳・翻訳コーディネーターはあわてない。さらに話しながら即座にパソコンでデータベースを検索してその言語の登録者がいないと判明してもノーとは言わない。「探してみます」と電話口で言いながら、グーグル検索でウォロフ語がセネガルの公用語であることを確認。自分および他のコーディネーターも巻き込んでウォロフ語、セネガル、西アフリカにつながる人が登録者や関係者にいないか、どこかで出会わなかったか記憶を総動員する。さらにアフリカ、フランス語へも対象を広げて可能性が少しでもある人に、電話をかけ、メールを書き、必死にウォロフ語が話せる人を探す。今日が納期の翻訳の検品作業や、他の急ぎの通訳の手配、助成金の申請、来客対応などやることはたくさんあり泣きたくなるが、へこたれずに同時並行で探す。

突然一人のコーディネーターが「まえにJICAの研修に行ったときに、事務局長の横に座った人の夫がセネガル人だと言っていた気がする……」と思い出す。事務局長もそう言われればそうだと記憶をたどるが、どうしても団体名と名前が思い出せない。くじけそうになりながら名刺の束から名刺を探す。名刺が見つかり、団体名を検索すると確かにセネガルで開発支援をしている団体の代表者である。ずいぶんまえに一度だけ隣に座って名刺交換しただけだが、そんな遠慮をしている場合ではない。もうこれ以外に伝手《つて》はない。コーディネーターが電話をし、留守電にメッセージを入れ、メールを送る。なんとか相手をつかまえて聞いてみる。すると、たしかに夫はウォロフ語を話すが日本語が話せない、夫の知り合いならウォロフ語も日本語もできるかもしれないとのこと。突然にもかかわらず、すぐ確認してつないでくれる。電話で本人と話して状況を説明する。「そういうことならやってみましょう」と言ってくれる。やっと見つかった！

そこへ病院から電話がかかってくる。医療従事者の努力にもかかわらず亡くなり、病院と本国のご家族との通訳の必要がなくなったとのこと。亡くなったと聞きとても悲しくなる。そのうえ、なぜもっと早く教えてくれなかったのかと憤るが、ウォロフ語通訳者、セネガル関係者とつながる機会に恵まれたと気を取り直す。登録者にウォロフ語通訳者が増え、今度いつウォロフ語やセネガル関係で困っている方から連絡いただいても大丈夫。出会いに感謝。

これが断らない、あきらめない、聞いてみる、やってみるが合言葉の多言語センターＦＡＣＩＬ翻訳・通訳コーディネーターのチームワーク溢れる日常である。

FACIL 事務所にて

コラム❷　雨の慕情

平田純子（FACIL初代コーディネーター）

FACIL設立当初のロゴ、ニコチャンマークについて白状しておきたい。三宮から鷹取に移転後、吉富さんから案内リーフレット作成を任された、そのころ誕生した。

私の記憶と理解が正しければ、FACILという名前は、スペイン語で「easy」を意味する「FACIL」からきた。また、多文化共生社会を「促進する」英語の「facilitate」とも掛けられている。つまり、外国で生まれ育った方とそのご家族が日本社会で生きていくのは大変だが、何かしら「やさしく」するしくみを「促進」したいという思いが込められていた。

よって、マークに込められた意味を訊かれたならば、「直線や曲線など、パソコンの基礎的なツールで簡単に笑顔を作ることができる＝笑顔をもたらすのはやさしい＝FACILという思いをこめています」などと答えていた。全くの嘘ではないのだが、実はこじつけ、本当はこうだった：

①A4ヨコ三つ折り縦長の表紙に、二文字×三段でFACILと配置

②三段目のLの横が一文字空いた。バランスを取るべく何かで埋めよう

③クラリスワークスでニコチャン作成

③押し込んで完成！

その後、ニコチャンは独り歩きし、封筒や名刺にも採用していただいた。ありがたい一方、経緯が経緯なだけにヒヤヒヤした。今日、画像検索でニコチャンは表示されない。ホッとしつつ、どこかにまだひょっこり残ってくれていないかと期待してしまうのは我ながら未練がましい。

未練がましいといえば、もう少しきちんと話を聞いておけばよかった。例えば、NGOベトナム in KOBE（現ベトナム夢KOBE）のガーさんのお話。

どういうわけか、そのとき事務所にいたのはガーさんと私の二人きりだった。

事務所、といってもいわゆるトタン屋根の

当時の案内リーフレット

プレハブで、数団体が同居していた。

雨が降りだした。

トタン屋根に打ち付ける雨の音は派手だ。ドラムセットのような、バシャン、ベシン、バララン、といったところか。私にとっては、うるさい、みじめな音であった。

ふと、ガーさんが斜め前の席からつぶやいた。

「この音、懐かしい」

懐かしい？　この音が？　どうして？　と驚いて尋ねたところ、ベトナムを思い出すからとのことだった。それ以来、たかとりに雨が降るたび、ベトナムってこんな感じなのかと想像してウキウキしたものだった。ただ、具体的な思い出の場所なども教えてもらったはずなのに、「懐かしい」しか覚えていないのが心残りだ。


なんだかベトナムびいきになってしまうが、未練話をもう一つ。

（たかとりコミュニティセンター事務局の）ツェットさんが、たかとりコミュニティセンターの昼食の人数を取りまとめていた。壁に掛かった紙の表（行＝名前、列＝日にち）に各自が事前に「○×」をつけるのが決まりだった。しかしＦＡＣＩＬメンバーはしょっちゅう記入や取り消しを忘れ、ツェットさんを困らせていた。

そんなある日、どういう話の流れか彼女の日本名が「ユキ」だと教わった。

ツールドのＭさんとだったか、ＡＷＥＰのＯさんとだったか、

「ユキって……よりによってなんでそんな古風な名前なん？」

と、モダンで華やかな見た目とのギャップについ笑ってしまったところ、

「ツェットはベトナム語で雪のことだから……」

と真顔で答えてくれた。

たしか、由来も教えてもらった。雪の降る地方で生まれたのか、それとも雪のように清らかに育ってほしいという思いがこめられているのか……。しかし、古風だと思わず笑ってしまったことに動揺したからか、これまたサッパリ覚えていない。


ただ、しっかり教わったこともある。それは、何が「やさしい」と感じるか、人それぞれということだ。大前提であるこの理解なくして、ＦＡＣＩＬ、facilitate 実現はありえないどころか、余計なお世話、押しつけになりかねない。

もしあのときの何気ない会話がなければ、私はいまごろ、雨や雪が「やさしく」なりうるなど想像すらできず、「雨＝あいにく」「雪＝残念」などと単一思考でボヤいていたに違いない。

記念誌への寄稿となると、内容は、初代コーディネーターに

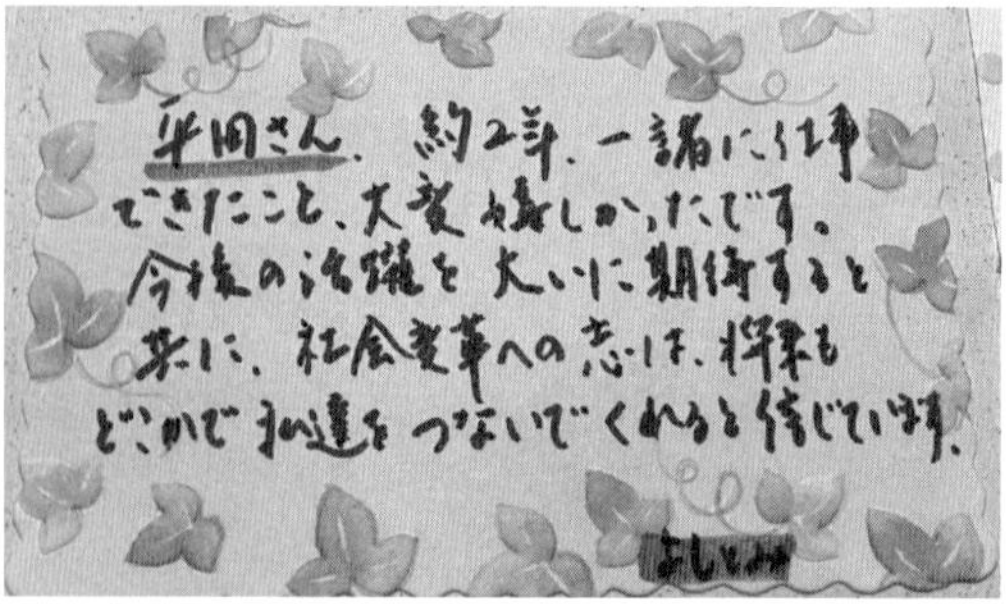

FACIL を辞める際にいただいた寄せ書きの吉富さんのメッセージ

なった経緯や苦労話がふさわしいのかもしれない。しかし振り返るに、何気ない会話と気づきこそ、まさにFACILそのもので、その後の自分に大きく影響してきたため、ここに書き留めておきたい。

「社会変革への志は、将来もどこかで私達をつないでくれると信じています」
(送別会にて吉富さんにいただいたメッセージより)

数々の未練と感謝、いくばくかの志で、二〇余年つながってこられた。
未練、感謝、未練、感謝。めぐりめぐって、今は感謝したい。

活動を継続するにつれて、社会にその必要性が認められ仕事が増えていった結果、この分野の仕事も定着し、薄利だとはいえ団体の安定的な活動経費を生み出しはじめ、競合する業者や団体も増えてきている。これらの活動を無償の支援活動としてではなく情報の多言語化の必要性が日本社会にも認識され、市場がある程度拡大されてきた結果である。

このように、市場が開拓されると、新しい業者や既存の翻訳会社等との競合が進んで価格競争にもなり、行政の入札のように低価格が求められると、内容の質に関する評価がおろそかにされてしまう。結果的にあまり質がいいとは言えない翻訳が流通して税金の無駄使いにつながるケースが増えないよう、日本の公的機関の入札制度そのものを考え直す必要性についての議論が求められるだろう。新しく開拓されてきた市場には、営利目的の企業も参入してくるため、本来の目的にそった商品提供や価格の設定が難しくなってきている現実の中で、どのように運動性を担保していくのかが今後の課題になってきている。

そもそも、社会的活動に終わりはこないが、運動は行きつ戻りつしながらのプロセスの中で、あきらめずにしっかりとした方向性を見失わないことにより、少しずつ目的を達成していく。ともかく、設立から二四年を経て、多くの地方自治体も政府も、大切な情報の多言語化の必要性への認識は進んだと感じている。

例えば、二〇〇九年に全国的に流行した豚由来の新型インフルエンザの情報は、ほぼ全都道府県のウェブサイトで多言語にて提供された。二〇二〇年から猛威を振るった新型コロナウイルス感染症についても政府が一九言語による情報提供をした。もちろん、すべての情報を多言語で提供することは不可能であり、言語数も、日本に住んでいる外国出身者の人数の多い言語を優先して翻訳されるためじゅうぶんであるとは言えないが、少なくとも日本語を母語としない住民を意識する自治体が増えてきていることはまちがいない。

三．運営形態の模索――任意団体からＮＰＯ法人、そしてグループ運営へ

任意団体からＮＰＯ法人取得へ

設立当初、市場価格の八〇パーセント程度に設定した翻訳料であっても、市民団体が対価を請求することについての依頼者側の納得を得ることは難しく、ボランティア価格に近い依頼を引き受けざるを得ない時期もあったが、説明をいとわずに辛抱強く実績をつくることを心がけてきた。一方で、既存の翻訳会社からは、価格破壊をして仕事の邪魔になると電話でどなられることもあった。

翻訳料を低く設定はしているが、事務局の経費を極力おさえ、翻訳者が疲弊しないよう、既存の翻訳会社が翻訳者に支払う翻訳謝金よりも高めの謝金割合にすることで、優秀な翻訳者の確保にも努めた。優秀な翻訳者というのは、語学レベルのみならず、翻訳という技術で情報を提供することの目的意識と使命感をもち、場合によってはその技術を無償でも提供する必要性を理解し、それを含めて仕事への自分の誇りをもつ。多くは自分がマイノリティとして経験してきたことを活かして、市民活動にも積極的に参加する人たちである。依頼される仕事は、個人からの依頼だと、前述したような公的な書類の翻訳や、これまではどこに依頼してよいのかわからないような、個人的な手紙の翻訳、個人商店の宣伝文句の翻訳、外国出身の結婚相手の家族との話し合いの場での通訳など多岐にわたる。

設立から七年が経過し、ようやくこのような分野の翻訳・通訳にも対価が認められてきて事業が軌道に乗りはじめたころ、任意団体のままでは社会的責任を担えないと判断し、ＮＰＯ法人につい

ての理解も進んできた二〇〇六年に、ＦＡＣＩＬはＮＰＯ法人取得に踏み切った。これまでは個人事業主として、資金繰りを代表者が一人で背負わざるをえなかった形態から、団体を法人にすることで、理事や正会員も含めた連帯責任を担う運営へと舵をきった。とはいえ、まだまだ代表者のイメージも色濃く、本当のＮＰＯ法人のあり方そのものへの模索が続いている中では、運営体制を変えていくための長い時間が必要だった。

当初の理事の選出は、代表者である吉富の応援者となってくれるであろうと思う方々に、代表者自身が相談して決めて依頼をした。まだＮＰＯ法人というものがよくわからない状況で、しかも多忙な面々への説明は、「とりあえず代表者を信頼して運営は任せてほしい、何かあったらアドバイスをお願いするが、年に一、二度の理事会と総会に出席するという時間をとってほしい」、とだけお願いした。当初の理事たちは、責任ある理事という役割を、絶大なる信頼のみで引き受けてくださったように思う。

グループ運営へ――二〇〇六～二〇一六年

二〇〇六年にＮＰＯ法人に移行した翌年、たかとりコミュニティセンター内で一緒に活動してきた株式会社（当時）エフエムわいわい（以下、ＦＭわぃわぃ）は、その二年前に組織を大きく変えて、ツールドとの共同運営になっていたところ、経営が成り立っていかず、ＦＡＣＩＬとのグループ運営にすることで雇用などの安定を図ろうとしており、そのような相談をされた。もともとＦＡＣＩＬの設立代表者と代表者を同じくし、同じ時期に立ち上げた団体「ワールドキッズコミュニティ」（以下、キッズ）は、ＦＡＣＩＬの職員が業務を兼ねる形で活動を続けてきたが、このタイミングでツールドの活動を終了し、ＦＭわぃわぃ、キッズ、ＦＡＣＩＬが、それぞれの強みを活かして共同で運営することで支え合い、会計業務などの効率化を目指した。こうして、ＦＭわぃわぃに事務局を置く「世界コミュニティラジオ放送連盟日本協議会」をくわえた四団体のグループ運営がはじまった。

グループ運営をすることによって、団体は別でありながら、会計や総務などの事務業務がまとめられ無駄が減少して効率が良くなること、それぞれの団体の強みを活かした連携活動がよりスムーズにできるようになった。グループ運営以前にも、たかとりコミュニティセンター内の団体は連携して、台湾集集地震（一九九九年発生）や新潟県中越地震（二〇〇四年発生）の被災地支援活動をしたが、グループ運営以降に起きた新潟県中越沖地震（二〇〇七年発生）や東日本大震災（二〇一一年）の際は、より一層垣根を越えて一丸となり活動に取り組むことができた。特に東日本大震災時は、グループ内のスタッフが交代で被災地に出かけ、多言語情報の提供、災害ラジオの運営支援、そして気仙沼のフィリピン人コミュニティの情報発信活動など、それぞれの技術と経験を活かした活動となり、各団体のその後のつながりにもなっている。

このグループ運営は、ＦＭわぃわぃが二〇一一年に、株式会社からＮＰＯ法人への移行を経て、二〇一六年三月にコミュニティラジオ局としての免許を国に返却してインターネットラジオ放送に移行するまで継続した。二〇一六年度からはＦＡＣＩＬとキッズは以前の形に戻り、二〇二二年度からはキッズもＦＡＣＩＬのプログラムの一つという位置づけとなって団体は融合されていった。

コラム3 大きな樹木につながって

神田裕（NPO法人たかとりコミュニティセンター理事長）

阪神・淡路大震災が発生して二八年以上が過ぎました。震災は多くのものを引き裂きました。しかしその後は多くのものがつながっていきました。ネットワークをつなげることが震災に負けないことでもありました。

ＦＡＣＩＬ（多言語センターＦＡＣＩＬ）は多言語、多文化なネットワークの中で力を結集して歩んできました。七〇言語近いつながりを活かした通訳や翻訳、そしてその中から生まれた医療通訳という命につながる大切な事業を皆が力を合わせて発展させてきました。ＦＡＣＩＬという木の幹に多くの枝である人びとがつながり広がっています。

そのＦＡＣＩＬもＴＣＣ（たかとりコミュニティセンター）という樹の幹につながっている一つの枝です。震災を通してつながり発展してきたＡＷＥＰ（アジア女性自立プロジェクト）、ＦＭＹＹ（エフエムわいわい）、ＬＡＴＩＮ（ひょうごラテンコミュニティ）、ＬＥＡＦ（リーフグリーン）、ＴＥＣＨ（ひょうごんテック）、ＶＩＥＴ（ベトナム夢ＫＯＢＥ）も、それぞれに枝をたくさんつけながら同じ樹の幹につながっている大きな枝です。

そのＴＣＣも震災後にはじまった『まちづくりひとづくり』という大きな樹木の一つの枝としてつながっています。市民活動、地域活動などなど、神戸の活動は、震災後に芽生え育ってきた一つの大きな樹木につながって枝を増やし、土からは水分や栄養を、空からは太陽の光を浴びて、これからもますます大きく成長してゆくことでしょう。世界の森〔ネットワーク〕の一つの樹木として。

TCC のホームページ

TCC おかえり集合写真（撮影・日比野美耶子）

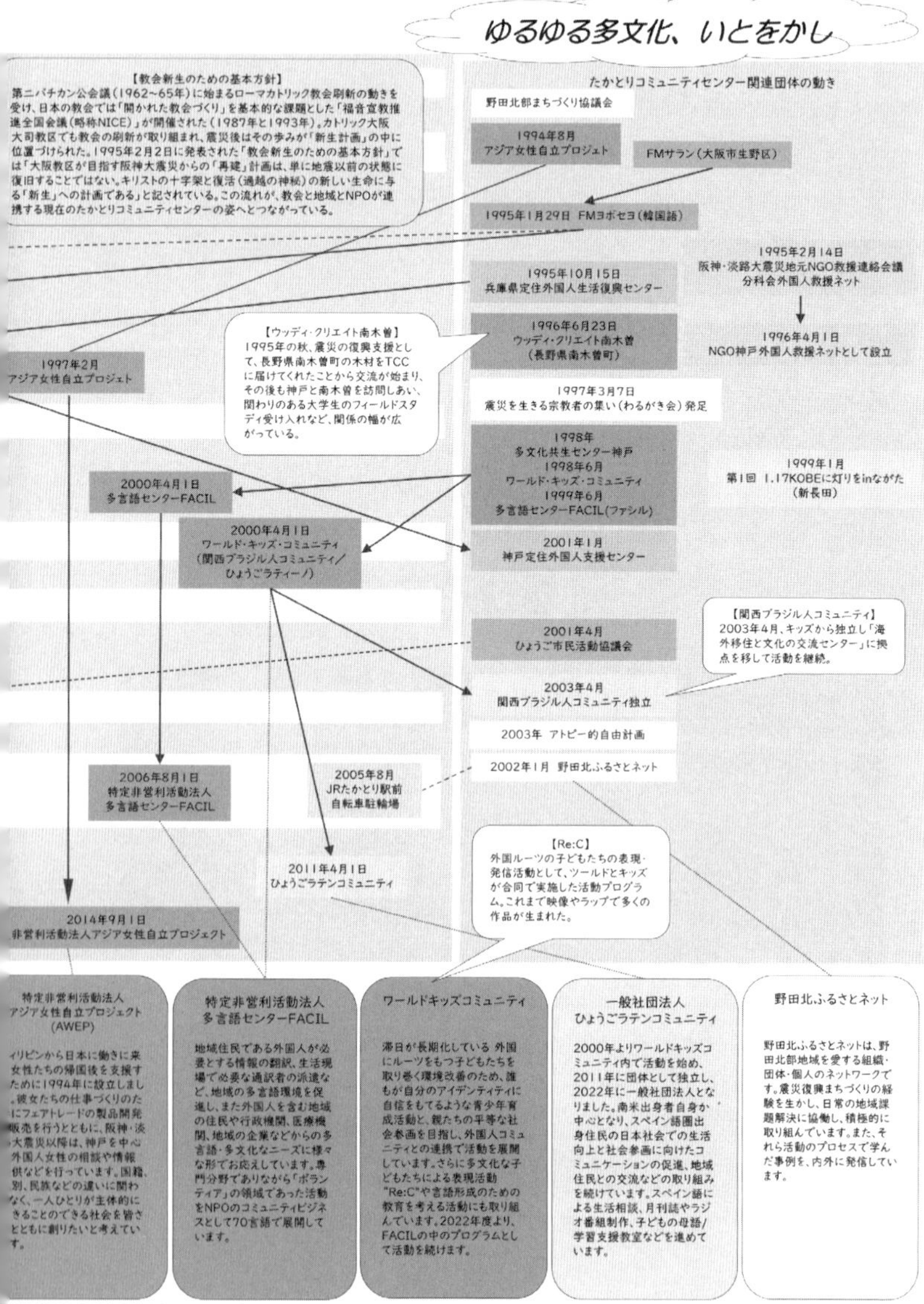
ゆるゆる多文化、いとをかし
【教会新生のための基本方針】
第二バチカン公会議（1962～65年）に始まるローマカトリック教会刷新の動きを受け、日本の教会では「開かれた教会づくり」を基本的な課題とした「福音宣教推進全国会議（略称NICE）」が開催された（1987年と1993年）。カトリック大阪大司教区でも教会の刷新が取り組まれ、震災後はその歩みが「新生計画」の中に位置づけられた。1995年2月2日に発表された「教会新生のための基本方針」では「大阪教区が目指す阪神大震災からの「再建」計画は、単に地震以前の状態に復旧することではない。キリストの十字架と復活（過越の神秘）の新しい生命に与る「新生」への計画である」と記されている。この流れが、教会と地域とNPOが連携する現在のたかとりコミュニティセンターの姿へとつながっている。
たかとりコミュニティセンター関連団体の動き
野田北部まちづくり協議会
1994年8月 アジア女性自立プロジェクト
FMサラン（大阪市生野区）
1995年1月29日 FMヨボセヨ（韓国語）
1995年2月14日 阪神・淡路大震災地元NGO救援連絡会議 分科会外国人救援ネット
1995年10月15日 兵庫県定住外国人生活復興センター
【ウッディ・クリエイト南木曽】
1995年の秋、震災の復興支援として、長野県南木曽町の木材をTCCに届けてくれたことから交流が始まり、その後も神戸と南木曽を訪問しあい、関わりのある大学生のフィールドスタディ受け入れなど、関係の幅が広がっている。
1996年6月23日 ウッディ・クリエイト南木曽（長野県南木曽町）
1996年4月1日 NGO神戸外国人救援ネットとして設立
1997年2月 アジア女性自立プロジェクト
1997年3月7日 震災を生きる宗教者の集い（わるがき会）発足
1998年 多文化共生センター神戸
1998年6月 ワールド・キッズ・コミュニティ
1999年6月 多言語センターFACIL（ファシル）
1999年1月 第1回 1.17KOBEに灯りをinながた（新長田）
2000年4月1日 多言語センターFACIL
2000年4月1日 ワールド・キッズ・コミュニティ（関西ブラジル人コミュニティ／ひょうごラティーノ）
2001年1月 神戸定住外国人支援センター
2001年4月 ひょうご市民活動協議会
【関西ブラジル人コミュニティ】
2003年4月、キッズから独立し「海外移住と文化の交流センター」に拠点を移して活動を継続。
2003年4月 関西ブラジル人コミュニティ独立
2003年 アトピー的自由計画
2002年1月 野田北ふるさとネット
2005年8月 JRたかとり駅前自転車駐輪場
2006年8月1日 特定非営利活動法人 多言語センターFACIL
【Re:C】
外国ルーツの子どもたちの表現・発信活動として、ワールドとキッズが合同で実施した活動プログラム。これまで映像やラップで多くの作品が生まれた。
2011年4月1日 ひょうごラテンコミュニティ
2014年9月1日 非営利活動法人アジア女性自立プロジェクト
特定非営利活動法人 アジア女性自立プロジェクト（AWEP）
ィリピンから日本に働きに来女性たちの帰国後を支援すために1994年に設立しまし。彼女たちの仕事づくりのたにフェアトレードの製品開発販売を行うとともに、阪神・淡大震災以降は、神戸を中心外国人女性の相談や情報供などを行っています。国籍、別、民族などの違いに関わなく、一人ひとりが主体的にきることのできる社会を皆さとともに創りたいと考えています。
特定非営利活動法人 多言語センターFACIL
地域住民である外国人が必要とする情報の翻訳、生活現場で必要な通訳者の派遣など、地域の多言語環境を促進し、また外国人を含む地域の住民や行政機関、医療機関、地域の企業などからの多言語・多文化なニーズに様々な形でお応えしています。専門分野でありながら「ボランティア」の領域であった活動をNPOのコミュニティビジネスとして70言語で展開しています。
ワールドキッズコミュニティ
滞日が長期化している 外国にルーツをもつ子どもたちを取り巻く環境改善のため、誰もが自分のアイデンティティに自信をもてるような青少年育成活動と、親たちの平等な社会参画を目指し、外国人コミュニティとの連携で活動を展開しています。さらに多文化な子どもたちによる表現活動"Re:C"や言語形成のための教育を考える活動にも取り組んでいます。2022年度より、FACILの中のプログラムとして活動を続けます。
一般社団法人 ひょうごラテンコミュニティ
2000年よりワールドキッズコミュニティ内で活動を始め、2011年に団体として独立し、2022年に一般社団法人となりました。南米出身者自身が中心となり、スペイン語圏出身住民の日本社会での生活向上と社会参画に向けたコミュニケーションの促進、地域住民との交流などの取り組みを続けています。スペイン語による生活相談、月刊誌やラジオ番組制作、子どもの母語/学習支援教室などを進めています。
野田北ふるさとネット
野田北ふるさとネットは、野田北部地域を愛する組織・団体・個人のネットワークです。震災復興まちづくりの経験を生かし、日常の地域課題解決に協働し、積極的に取り組んでいます。また、それら活動のプロセスで学んだ事例を、内外に発信しています。
新聞「阪神・淡路大震災から 10000 日を迎えて：たかとりコミュニティセンターの歩み：ゆるゆる多文化、いとをかし」、発行：2022 年 6 月 4 日、
作：林貴哉（壁新聞制作プロジェクト：神田裕・ツエット・野上恵美・林貴哉・吉富志津代・吉野太郎）

阪神・淡路大震災から10000日を迎えて たかとりコミュニティセンターの歩み

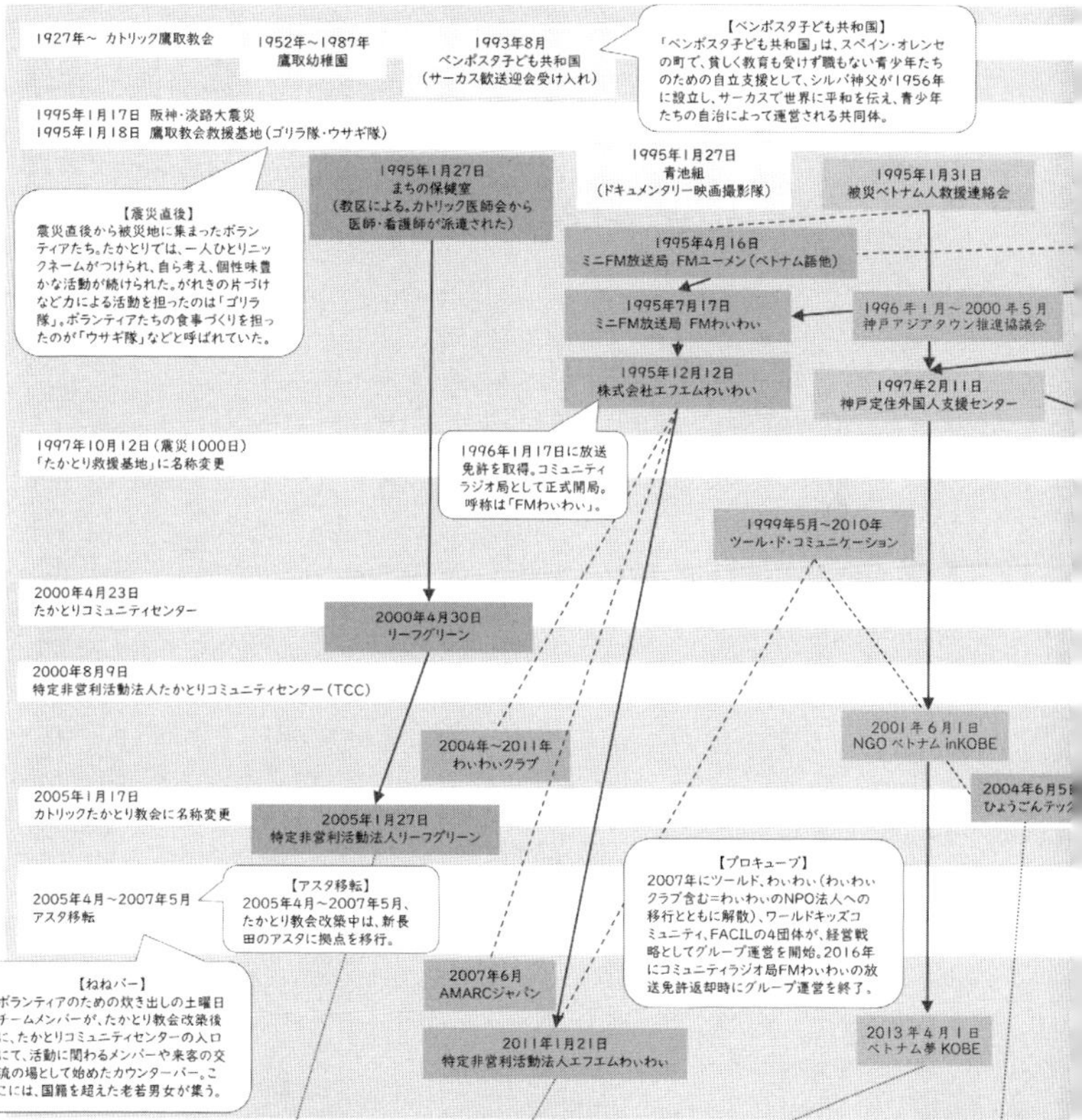
1927年～ カトリック鷹取教会
1952年～1987年 鷹取幼稚園
1993年8月 ペンポスタ子ども共和国（サーカス歓送迎会受け入れ）
【ベンポスタ子ども共和国】「ベンポスタ子ども共和国」は、スペイン・オレンセの町で、貧しく教育も受けず職もない青少年たちのための自立支援として、シルバ神父が1956年に設立し、サーカスで世界に平和を伝え、青少年たちの自治によって運営される共同体。
1995年1月17日 阪神・淡路大震災
1995年1月18日 鷹取教会救援基地（ゴリラ隊・ウサギ隊）
【震災直後】震災直後から被災地に集まったボランティアたち。たかとりでは、一人ひとりニックネームがつけられ、自ら考え、個性味豊かな活動が続けられた。がれきの片づけなど力による活動を担ったのは「ゴリラ隊」。ボランティアたちの食事づくりを担ったのが「ウサギ隊」などと呼ばれていた。
1995年1月27日 まちの保健室（教区による。カトリック医師会から医師・看護師が派遣された）
1995年1月27日 青池組（ドキュメンタリー映画撮影隊）
1995年1月31日 被災ベトナム人救援連絡会
1995年4月16日 ミニFM放送局 FMユーメン（ベトナム語他）
1995年7月17日 ミニFM放送局 FMわぃわぃ
1996年1月～2000年5月 神戸アジアタウン推進協議会
1995年12月12日 株式会社エフエムわぃわぃ
1997年2月11日 神戸定住外国人支援センター
1997年10月12日（震災1000日）「たかとり救援基地」に名称変更
1996年1月17日に放送免許を取得。コミュニティラジオ局として正式開局。呼称は「FMわぃわぃ」。
1999年5月～2010年 ツール・ド・コミュニケーション
2000年4月23日 たかとりコミュニティセンター
2000年4月30日 リーフグリーン
2000年8月9日 特定非営利活動法人たかとりコミュニティセンター（TCC）
2004年～2011年 わぃわぃクラブ
2001年6月1日 NGOベトナム inKOBE
2004年6月5日 ひょうごんテック
2005年1月17日 カトリックたかとり教会に名称変更
2005年1月27日 特定非営利活動法人リーフグリーン
【プロキューブ】2007年にツールド、わぃわぃ（わぃわぃクラブ含む＝わぃわぃのNPO法人への移行とともに解散）、ワールドキッズコミュニティ、FACILの4団体が、経営戦略としてグループ運営を開始。2016年にコミュニティラジオ局FMわぃわぃの放送免許返却時にグループ運営を終了。
2005年4月～2007年5月 アスタ移転
【アスタ移転】2005年4月～2007年5月、たかとり教会改築中は、新長田のアスタに拠点を移行。
【ねねバー】ボランティアのための炊き出しの土曜日チームメンバーが、たかとり教会改築後に、たかとりコミュニティセンターの入口にて、活動に関わるメンバーや来客の交流の場として始めたカウンターバー。ここには、国籍を超えた老若男女が集う。
2007年6月 AMARCジャパン
2011年1月21日 特定非営利活動法人エフエムわぃわぃ
2013年4月1日 ベトナム夢 KOBE

カトリックたかとり教会

フランス人宣教師たちによって1927年に設立。アジアの人々が多く暮らす町の中にあり、日本人だけでなくコリアの人たちも集う教会としてスタート。1950年には幼稚園もでき地域とのつながりが深まっていた。1980年代からはベトナム難民の人たちも加わり、アジア的で多文化な教会として歩み続けてきた。1992年にベトナムからキリスト像もやってきた。1995年に被災したが倒れず立ち続けた。奇跡のキリスト像と言われ、救援活動のシンボルとなり、人々が交わる教会として再スタートした。

特定非営利活動法人 リーフグリーン

高齢者や障がいを持っていても、住み慣れた地域で助け合ってくらし続けられるように、介護保険制度・障害者自立支援制度はもとより、対象から外れた方のお手伝い（ホームヘルプ、移送サービス、便利屋、ゴミ出しサポート、子育て支援）をしています。また、出会いの場としての「ゆいカフェ」を実施し、お互いが生き生きと安心して暮らせる地域社会を目指しています。

特定非営利活動法人 エフエムわぃわぃ

「多文化共生と人間らしいまちづくり」をコンセプトに多様な市民が番組をつくり、発信するコミュニティ・メディアです。発信だけでなく「まち」の人々が集い、生の情報交換と新たな知恵を創造するサロンにもなっています。インターネットの特性を生かし、長田と世界をつなぐポータルサイトをめざしています。また国内外の被災地で防災力向上の取組みを実施。AMARC（世界コミュニティラジオ放送連盟）の日本の窓口でもあります。

ベトナム 夢 KOBE

ベトナム人と日本人で構成されたメンバーによって、多様な文化的背景を持つ人びとにとって住みやすいまちづくり、多文化共生社会の実現に向けて、さまざまな活動を行っています。ベトナム語による生活相談、子どものための母語教室・学習支援教室、日本語教室、翻訳・通訳、ニュースレターの発行、学校でのベトナム文化紹介、インターネットラジオ番組制作など、ベトナム人と日本人との相互理解を目指した活動を展開しています。

ひょうごんテック

NPO活動・市民活動の現場では、ICT(情報通信技術)はなくてはならないものです。ICTに伴う様々な問題を解決し、効果的に活用できるよう、IT支援の団体や人のネットワークづくりを目指しています。さらに自由に使うことができるOSS(オープンソースソフトウェア)の活用も進めています。TCC内の団体も含め、団体へのアドバイスや下支え、講座を開催するなどの活動をおこなっています。

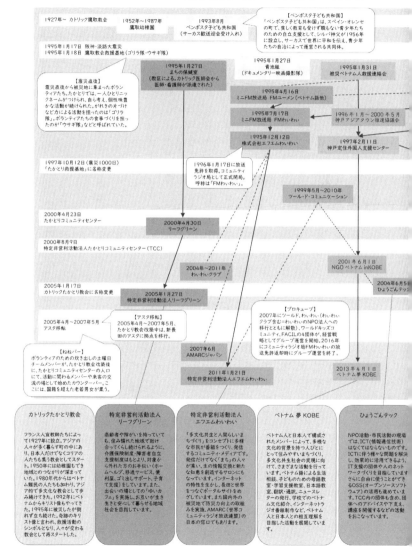

コラム❹ ＦＡＣＩＬの運営基盤強化へ向けた取り組みについて

山田和生（設立時〜２０１９年までＦＡＣＩＬ副理事長）

難解！　連結決算

グループ運営が始まって、はじめに驚いたことは会計の中身の難解さである。ＦＭわぃわぃとＦＡＣＩＬは連結決算となっていたので、どちらの経費なのか、どちらの売上なのか、中身が錯綜して理解できない。ＦＡＣＩＬが収益をあげて、ＦＭわぃわぃをささえているというのがその実態であることはわかるのだが、私の特技である「総会での突っ込みどころを見抜く眼力」をもってしてもかなわない難物であった。総会での決算報告も、役員の私がわからなくて困っているのだから、おそらくだれもわからなかったはずだ。監査役が、理解して判子を押したことになっていたが、これは不思議としかいいようがない。税務署の調査があれば、儲かっていないことを説明できないままに、税金を持って行かれるのではないかと心配になる。その後、経理をＦＭわぃわぃと切り離すことでわかりやすくなり、少なくとも税務署の調査に対する心配はなくなった。大きな前進である。

事務局長受難の時代

これは、あくまで一般論であり私見であるが、ＮＰＯの事務局長ほど割の合わない仕事はない。NPOの決定権は総会と理事会にある。理事会には、経営責任や雇用責任があるのだが、すべての理事がその責任を自覚しているとはいえず、現場の事情を知らないままに理想論や原則論を振り回すこともある。かならずしも現場に目配りしている事務局長の意見が通るわけではない。

一方で、事務局長と職員との関係は、民主的な平場での議論となる。平場での議論は、往々にして押しの強い意見や、声の大きい意見に流される。ここでも、かならずしも全体に目配りしている事務局長の意見が通るわけではない。

事務局長は日々の業務の責任を問われ、労務管理の矢面に立たされるが、予算の権限も、人事の権限もない中間管理職。ある期間が過ぎると事務局長がさっさと「卒業」しても、次のなり手が見つからなくても、不思議ではない。

退職金積立の背景

FACILの事務局長や理事会に、前述の一般論はあてはまるのだろうか。おそらく、あてはまらないように見える。その理由や背景はさておき、その証拠に事務局長もスタッフも勤務年数が長い。その結果、私が議論に参加した就業規則の整備では、長年の勤務に対応した退職金積立が問題となった。単年度の補助金を見込んだ雇用は、臨時職員か、よくて期限付きの職員となりがちである。正職員による継続的な業務の遂行を前提とした経営は、この規模のNPOでは容易なことではない。

就業規則の背景

採用が困難になれば、一般企業と同様にＮＰＯが「人事倒産」するということもありうる。ＮＰＯに優秀な人が希望を描いて入ってくるためには、まともな給料、まともな待遇を実現しなければならない。ＦＡＣＩＬで就業規則の整備の議論に参加するにあたり、私にはこんな危機感があった。

最近「やりがい搾取」ということばを耳にするようになった。経済基盤の弱いＮＰＯの現場で「やりがい搾取」は珍しくない風景である。「やりがい」をとるのか「給料」をとるのか、もっともらしい選択肢のように聞こえるが、今後も経済成長が見込めない日本では、若者がいつまでもこんな悠長な選択肢につきあってくれるとも思えない。

もちろん就業規則を整備したからといって現場の問題がすべて解決するわけではない。とくに自宅勤務が常態化したコロナ禍では、どこまでが仕事なのか線引きがわかりにくくなった。労務管理の矢面に立たされる事務局長の仕事が少しでもやりやすくなり、職員が仕事をしやすくなる方向に、就業規則が機能すれば幸いである。

ＦＡＣＩＬは「民業圧迫」か？

ＦＡＣＩＬは翻訳などの仕事をとるときに競争入札となることがある。カンボジア語やシンハラ語などの珍しい言語であれば、翻訳の出来不出来を見定めることは難しい。中身は問わずに価格だけ比べて競争入札の形式を整えるというお役所仕事には困ったものだが、価格勝負の翻訳会社が競争相手となると、ＦＡＣＩＬは苦戦を強いられる。

しかし、競争相手の翻訳会社は営利企業である。当然のことながら、事務所などの諸経費、職員の人件費、役員給与、株主への配当を支払った上でさらに利益をあげなければならない。一方のＦＡＣＩＬは非営利のＮＰＯである。事務所の家賃はカトリック教会に優遇していただいている。株主への配当もなければ、利益を目的としているわけでもない。お人好しの役員には役員手当も交通費もない。

「ＦＡＣＩＬはこんなに優遇され、ハンディをもらっているのに、営利企業との競争で負けるなんて、ＦＡＣＩＬの経営者もスタッフもよほどのボンクラにちがいない」。口が悪い私は、こんなことを言って事務所で煙たがられていた。とはいえ、これも一昔前の話。翻訳機械の性能向上で市場は一気に様相を変えてしまったのだろう。

離れた視点の力業

非常勤の副理事長といえば聞こえはいいが、理事会の日と、総会の日と、忘年会と、なぜか職員の面談日だけ事務所に顔を見せるおじさんである。やや離れた視点から言えることもあるのでは、ということで引き受けた。しかし、日ごろの仕事の様子を見る機会もなく、職場の人間関係もよくわからないのに、職員の面談の日には理事長の横に座ってわかったような顔をしなければならない。言いにくいことを言うことを期待される、立場。人間関係を知っていたら解決しにくいことを、すっぱりと解決することを期待される、立場。期待に応えて、創業以来積み残しになっていた、いくつかの難しい宿題を「離れた視点の力業」でとりあえず片付けたものの、ほんとうに、あれでよかったんだろうか。あとはみんなで力を合わせて仲良く問題を解決してください。

コラム5　FACILの翻訳・通訳コーディネーターとして大切なこと

李裕美

二〇一一年三月一一日の東日本大震災による福島第一原子力発電所の事故は、世界中を震撼させた。福島県災害ボランティアセンターは渦中にありながら復旧・復興を目指して活動を続け、福島県での活動を県内外に正しく伝えるべく「はあとふる・ふくしま」を創刊した。FACILは、マスメディアでは取り上げられることの少ない、福島で活動する人びとの日々の様子や情報を一人でも多くの人びとに伝えたいという思いに共感し、多言語での情報発信のサポートを行った。

赤い羽根災害ボランティア・NPO活動サポート募金の助成を受け、福島県災害ボランティアセンター通信「はあとふる・ふくしま」別冊を英語、中国語、韓国語、ポルトガル語、タガログ語の五言語に翻訳した。その後、福島県内のNPO法人うつくしまブランチがレイアウト作業を行い、福島県災害ボランティアセンターがＨＰに掲載した。また、当時グループ運営していたＦＭわぃわぃが、現地の臨時災害ＦＭ局がダウンロードして放送できるように、災害や復興関連の情報を選び同五言語で音声収録したものをデータ化しウェブ上にアップした。

この通信は二〇一一年四月二六日に創刊、一二号まで毎週発行され、その後ペースを変えて震災一年後の二〇一二年三月（二四号）まで発行された。福島県在住の被災住民、現地でボランティア活動に参加しているか、これから参加しようと考えている人、他地域に避難しているが現地の情報を知りたいと考えている被災者を対象としており、内容は現地のボランティア活動を中心に避難所の様子、被災者の暮らしや励ましなどであった。

翻訳については週一回の発行でスケジュールがタイトであり有償ボランティアベースとなるため、翻訳・通訳登録者に被災地支援活動であることを説明して協力を募り、手を挙げてくださった方にお願いすることになった。

当時、テレビや新聞で報道される福島のニュースは、そのほとんどが原発事故関連であった。未知の状況であり、何が、いつ、どこが安全なのか、どの情報を信じればいいのか、人びとが大きな不安を抱えていた時期に、現地の情報の翻訳をお願いすることになったため、翻訳協力者もコーディネーターも悩みや葛藤を抱えながらの作業となった。

ある日、翻訳協力者から「これまで疑問を抱えながら協力してきたが、これからもこの内容が変わらないなら、今後ＦＡＣＩＬへの協力はできない」と言われた。コーディネーターとして突然のことに戸惑いつつ、創刊号から翻訳や翻訳チェックをお願いしていたがずっと悩んでいたと知り、直接会ってあらためてお話を伺った。

翻訳協力者として、被災地支援であること、福島の現地情報を広く外国人住民に伝えることに意義を感じ協力してきたが、誰にも安全かどうか一〇〇パーセントの保証をできないなか、現地で過ごしたり、ボランティア活動を推奨したりするような内容の翻訳を続けること、その情報の発信に協力することに心の葛藤を感じている。また、通信の内容すべてを翻訳する意味があるのか、ほかにも必要とされている現地情報はたくさんあり、そちらを翻訳すべきではないのかとも思うとのことだった。日本語以外の世界のニュースにふだんから触れていて、日本国内では報道されない情報にもアクセスできるため、世界で報道されている内容と日本国内での報道内容の質量の差、さらに今回の現地発の通信の内容の温度差もその背景にあるようだった。

ＦＡＣＩＬは、そういう状況だからこそ、福島発の現地での活動の様子や人びとの様子を広く発信するサポートが必要という思いで活動していること、福島で活動している人びとを勇気づけることにもつながると信じていると説明した。翻訳協力者は「ＦＡＣＩＬのスタンスはよくわかったし、自分の信条とは違うが理解できる。この活動の翻訳は今後遠慮したいことに変わりはないが、ＦＡＣＩＬへの応援は続けたいので、他の活動にはよろこんで協力する」と明るい表情になり、お互いにより深くわかりあうことができた。

コーディネーターとして活動の意義や目的、団体としての思いを協力者にきちんと伝え

◇◇◇◇◇◇

ていくこと、個々の協力者の思いを受けとめ、お互いに理解し合うことの大切さを痛感した出来事だった。

◇◇◇◇◇◇

ワールドキッズコミュニティの活動

ＦＡＣＩＬの変遷を記録するにあたり、同時期に吉富が代表者として一九九九年に立ち上げたキッズのことは、ＦＡＣＩＬの活動と並行し、そのミッションを支えてきた団体として、ここに記録する必要がある。キッズは、外国ルーツの子どもたちと、その保護者たちへの支援活動が起源である。多言語による就学説明を契機に、学習サポートのために学生などが家庭教師として各家庭に学習支援に出かけていくプログラム「ＭＡＮＧＯ」には、多くの学生がボランティアで参加した。当時、大学院生だった小島祥美さんは、その後にキッズの事務局長として、二〇〇三年度まで子どもの教育支援活動に従事した。

また、日本の学校の中でともすれば自尊感情を失っていく子どもたちが、自ら発信することで自信を取り戻してほしいという願いから、子どもたち自身によるラジオ番組放送「多文化子どもワールド」やビデオでの表現活動「Ｒｅ：ｃ（レック）」なども始め、ベトナムやブラジルにルーツを持つ子どもたちが、ここを居場所として通った。ここに大学生のボランティアが集い、ツールドとともにこの活動に取り組んだ。

子どもたちの教育環境にとって大切な母語や母文化の継承についても、その重要性を発信するための活動を二〇〇一年から続けており、二〇一三〜二〇一六年度までトヨタ財団の助成事業に申請した、二つ以上の言語環境で育つ子どもたちの言語形成をテーマとした国際事業では、政策提言も果たして母語の大切さを伝えた。

これらの活動において、その保護者たちのリーダーが中心となってはじめた恒常的な母語教室実施や情報発信、スペイン語やポルトガル語による相談窓口、ブラジルや南米のスペイン語圏の各国の地域での交流イベントなど、その国出身の当事者による外国人コミュニティ形成への自立支援には、特に力を入れてきた。こだわったのは、リーダーたちの活動を無償のボランティアではなく、非常勤ではあるが雇用することで、日本人のスタッフと連携して役割分担をして活動を展開することにより、自立をサポートする体制を形成していったことである。ブラジル出身の松原マリナさんとペルー出身の大城ロクサナさんをリーダーとしてこれらの活動は展開していった。

まず、マリナさんがブラジル人向けの就学説明会をきっかけに、ポルトガル語情報誌の発行や、母語教室、ブラジルのお祭り開催などを、キッズのスタッフとしてはじめたのは一九九九年だった。ペルー人のギジェルモさんが、ツールドが開催したコンピューター教室に参加した際に、その技術を活かす一つの形としてキッズが提案したことからはじまった手作りのスペイン語情報誌「HYOGO LATINO」の発行をはじめたのは、二〇〇一年だった。その後、ラジオ番組や母語教室、相談事業を総合的に担当していたロクサナさんが、ギジェルモさんの情報誌を継承する形で、「Mujer Latina（ムヘールラティーナ）」を経て「Latin-a（ラティーナ）」という名称にし、現在では印刷会社に一万二〇〇〇部を発注するまでになった月刊紙の発行と無料配布は現在も続いている。

そのプロセスで、活動に関わる日本人のメンバーの意識も変わっていった。外国人コミュニティの形成は、抑圧された当事者の反骨精神だけでは、その後の連携したまちづくり活動への道筋とはならず、ゲットーのように壁を作ってしまうのではないだろうか。二〇〇五年には関西ブラジル人コミュニティ（現、NPO法人関西ブラジル人コミュニティ）が、そして二〇一一年には、ひょうごラテンコミュニティ（現、一般社団法人ひょうごラテンコミュニティ）が、それぞれのリーダーを代表者として独立し、今も日本社会を変えていくための発信活動や自助活動を継続している。

コラム6 活動を通じた人との出会いが私の人生をつくる

小島祥美（キッズ初代事務局長）

「時間までに、間に合うかな」。これは、二〇〇〇年六月二五日、ワールドキッズコミュニティ（キッズ）として初めて開催した、ブラジルのお祭り「フェスタ・ジュニーナ（Festa Junina／六月祭）」の当日早朝の会話だ。梅雨時期のため、前日まで長雨が続いた。カトリック神戸中央教会内にあった幼稚園の園庭（野外）が会場であったので、私は気になって、集合時間よりも早めに行ってみると、園庭にはやっぱり大きな水たまりができていた。このお祭りを中心的に準備してきた松原マリナさん（現NPO法人関西ブラジル人コミュニティ（CBK）代表）もすぐにやってきて、それから二人で水たまりの汲み取り作業がはじまった。マリナさんの「成功させたい」という強い願いが、きっと届いたのだろう。徐々に晴れてきて、大きな水たまりも防げた。そして、無事に「クアドリーニャ」というメインのダンスは披露でき、準備した手作りのブラジル料理も、あっというまに完売した。「キッズでの思い出は？」と聞かれると、この日の終了後に涙いっぱいのマリナさんと喜び合ったことを一番に思い出す。なお、このお祭りはCBKでの大切な行事の一つとして、今もマリナさんは神戸で続けている。

次に思い出すのが、キッズの活動のなかでも大人気プログラムであった「MANGO」のこと。これは、外国につながる子どもの学習サポートをボランティアが家庭訪問して行うというもので、近隣の大学生のみならず、大勢の社会人からもご協力いただいた活動だった。私も一人のボランティアとして、五年間ぐらい通ったペルー人家庭があった。このファミリーからは、長く続いた阪神・淡路大震災後の仮設住宅での生活の話もよく聞いた。長男の学習サポートよりも、毎週のおしゃべりをお互い楽しんでいたように思う。そんな付き合いが二五年経った今も続き、親戚のような間柄で、つい最近も当時年長だった次男から「子どもが生まれた」と連絡をもらったところだ。

このようにキッズの活動を通じて私はたくさんの人と出会ってきたが、そのなかでも忘れられない男性がいる。彼とは、とある活動でペルー人夫婦と知り合ったことからはじまる。この夫婦に後日自宅に招かれて行ってみると、そこはペルー人ファミリーが複数で暮らす社員寮であった。どの家庭にも学齢期の子どもがいたためか、親子間で母語（スペイン語）の会話が成立しない苦しさを話し出す母親たちがいた。その横で、「お母さんがつくるペルー料理のお弁当を学校で広げるのが恥ずかしい」と話す思春期の子どもたち。こんな現実があることを初めて私は知った。この問題の本質をもっと知りたいと思い、私は親たちから「日本語できないから」と相談された子どもたちの宿題のサポートも買って出た。それからというもの私はこの寮に入り浸ることが多くなり、気づくと寮内に暮らすすべてのファミリーと親しくなっていた。

そんなある日のこと。この寮の一階に暮らす家族の大黒柱が、持病の悪化で入院した。私もすぐに病院に駆けつけてみると、「高齢で働けない自分はこれから何をしたらよいだろう」とベッドに横になりながら弱気な話をはじめた。彼は「デカセギ」として、日系人の妻と三人の子どもと一九九〇年初めに来日した。数年の滞在予定であったが、日本の生活に慣れていく子どもたちのためにペルーへの帰国をあきらめて、食品工場で働き続けた。残業も積極的に引き受け、過酷な労働にも耐えた結果が、持病の悪化だったという。日本語もできない老いた自分は、これから先はどうしたらよいのか。たしか、そんな話を彼はそのときしたように思う。

それを聞いた私は、自宅でコンピューターに向かう彼の姿を思い出した。当時は Windows 98 が出たばかりで、インターネットが広く一般に使われ出したころだった。こうしたＩＴを彼はいち早く使いこなしていたことを私は知っていたので、「情報難民の外国人が多いから、スペイン語（母語）で地域の情報誌を作ったらきっと喜ばれると思うよ」と、彼を励ますつもりで、私は何気なくそんな言葉をかけた。

それから数ヶ月後、彼は「HYOGO LATINO」というスペイン語のミニコミ誌をキッズのなかで作り始めた。「生き甲斐をみつけた」と、苦しいリハビリにも積極的に挑んだ彼であったので、私がキッズで活動していた時は、彼のHYOGO LATINOの制作に全面協力した。それがのちに、MUJER LATINAのコーナー誕生となり、現在のラテンコミュニティによる情報誌「Latin-a（ラティーナ）」へとつながっていく。彼のHYOGO LATINOを創り出したあの大きな一歩に敬意を表し、銘記しておきたい。

キッズで活動しながら、同時に私は多言語での生活情報誌「東西南北」（当時、ツールドとFACILが協力して発行していた）を隔月に発行するコーディネートも担当した。当時は多言語対応の相談窓口が全国的に少なかったため、全国各地で活躍する相談窓口での活動者をつなぐ役割としても機能していた情報誌で、FACILの社会貢献活動として取り組んでいた。この作成にあたっては、兵庫県内各地の外国人相談窓口で活躍する方々に最近の相談内容をリサーチし、情報提供によっていち早く問題解決につながるだろうテーマを選定した。当時はインターネットがまだ身近でなかったために、一般には知られていないようなテーマを積極的に扱い、実際の相談事例を取り上げながら多言語でわかりやすく翻訳して、「東西南北」をつくった。例えば、少額訴訟、当番弁護士制度、高額療養費制度などだ。紙媒体による無償の資料提供は、全国の活動者からもたいへん喜ばれた。その当時から「やさしい日本語」は、一つの言語としてここでは根づいていた。この活動を通じて、私は少数者の権利について考えることが多くなった。

このような活動を神戸で続けるなかで、私は学校に通っていない外国籍の不就学児と出会った。この問題の解決を目指して各関係者に働きかけるものの、就学義務の対象でないことを理由に積極的に取り扱ってもらえなかった。そのため、社会で「見えない」問題の可視化の必要性を感じ、外国籍の不就学児という研究に打ち込むために私は二〇〇三年四月に岐阜県可児市に引っ越すことを決めた。一九九六年から関わってきた神戸での活動と離れることは正直寂しかったが、ここで出会った人たちのつな

キッズの活動として、たかとりコミュニティセンターにてイベントの料理を作るメンバー

がりはそれからも途切れることはなかった。

それから二〇年もの月日が経つが、神戸での出会いも経験も、すべて私の中でずっと生き続けている。今キッズとFACILでの思い出を綴りながら、人との出会いで私の人生がつくられていることを改めて感じている。

コラム7 インタビュー「相談者から支援者へ」大城ロクサナ（Roxana Angelica Ajipe Oshiro）

聞き取り　吉富志津代

阪神・淡路大震災の被災者になって避難所生活を経験した後、いとこの日本語の先生だった吉富さんのいるキッズの事務所にスペイン語での相談のために通っていました。在留資格のことや子どもの教育のことなど、いろいろ相談していました。そこでは、スペイン語圏の人たちの電話相談の対応もしていました。ある日、事務所で吉富さんが忙しい時に待っている間、電話にでたところ、スペイン語で相談された内容が、自分の経験したことだったので対応することができました。私も相談者としてだけではなく、自分の経験がこのように役に立つということに気づきました。

　このようなことを経て、二〇〇〇年に長男の小学校入学をきっかけに、パートで働いていた靴工場を辞めてキッズのスタッフになり、吉富さんが担当していたFMわぃわぃのスペイン語ラジオ番組を引き継ぐことになり、電話相談にも対応し、スペイン語の情報誌「HYOGO LATINO」の発行業務にも関わりはじめたのでした。そして、南米出身の自分たちの子どもが、スペイン語を忘れていくことは課題だと感じていたこともあり、吉富さんと一緒に保護者たちを誘ってスペイン語母語教室をはじめることになりました。もちろん地域での交流イベントなども企画してきました。

　そのような活動を続けて一〇年が過ぎたころ、吉富さんから「今、あなたがしている活動は、スペイン語圏の人たちのコミュニティのために、自分たちがもっと中心になってしっかりと展開していかないといけないし、そのためにはキッズから独立して自分たちで運営していったほうがいい」と言われました。

　とても不安だったけど、そのまえに一緒にキッズでスタッフとして活動していたブラジル人のマリナさんも、二〇〇五年に「関西ブラジル人コミュニティ」として、独立して活動を続けていたので、自分も頑張ってみようと思いました。ちょうどそのころに東日本大震災が発生して、その情報提供や復興支援などの活動は、FACILやFMわぃわぃと協働して、独立したばかりの自分たちの最初の活動になりました。

　それから一一年が経ち、月刊のスペイン語情報誌「Latin-a」（ラティーナ）も無料で全国配布しており、これは印刷物だけではなくウェブサイトでも世界中に読者がいます。母語教室も、この二二年の間、毎年二〇～三〇人の子どもたちが学んで巣立っていきます。相変わらず電話での相談は後を立たず、コロナ禍での相談件数はかなりの数になりました。そして、地域社会の交流として続けているペルー独立記念日のイベントや子どものためのクリスマスイベントにも多くの人たちが集まっています。現在、特に力を入れはじめていた南米の人たちへの防災情報の提供は、これらの楽しいイベントを通じて効果的に届けるようにしています。その防災教育の推進活動は、私の母国のペルーにも届き、それは二〇二三年からJICA草の根プロジェクトとしてFMわぃわぃと連携した活動にもなりました。母語を保持してきた私の長男は、災害復興の中で育った経験と言語能力を活かし

キッズのプログラムとしてはじまったスペイン語母語教室の様子

て、そのプロジェクトでスタッフとしてペルーに滞在中です。

　このように、キッズのなかではじめた活動は、私自身の日本での生活とともに試行錯誤をしながら展開してきており、独立後の私の人生そのものとなっていきました。私自身もこういう活動から多くのことを学び、日本の滞在も三二年になり、ペルーで暮らした時間よりも長くなって、その経験がまた、自分や自分の家族と母国とのつながりになるということは、とても感慨深いです。

　FACILからの依頼で続けている翻訳業務や医療通訳の仕事からも、自分たちのコミュニティの状況を知る機会にもなっています。

　FACILとの連携で活動を続けてきたキッズとの活動が、今の私の原点であると思うと同時に、このような連帯の中で、自分たちが日本の地域社会の住民として暮らしていくということが、自分たちにとっても、日本社会にとっても豊かさや可能性をもたらすということを、これからも伝えていきたいと思っています。

コラム8 多文化な背景を持つ子どもたちによる表現活動「Re：C（レック）」

村上桂太郎（キッズ事務局長〔当時〕／FACIL理事）

ことば、名前、家庭環境、文化、国籍など、誰でも自分について考え、語るときに前提となるもの。自分にとっては生まれ育つ中であたりまえであったことが、周りにとってはそうではないこと。例えば、お弁当箱のおかずを好奇の目で眺めてきたり、時には「まずそう」などとあからさまにはやしたてるクラスメートがいたりする。おしゃべりしていると何か発音がおかしいねと笑われる。名前を揶揄される。そんな学校生活の中で、萎縮して自分に引きこもりがちになったり、あるいは落ち着きなく振る舞うようになったりしてしまう、外国にルーツを持つ子どもたちは多い。

たかとりコミュニティセンターでは、そうした子どもたちが、自らの思いを主体的に表現し発信していける機会創出のため、二〇〇二年度より「ワールドキッズコミュニティ」を中心としたセンター内の複数の団体が連携して、「Re：C（レック）」という活動をはじめた。

Re：Cでは、国籍の違いや言葉のハンデを越えて、多文化な子どもたちが映像作品などをとおして、メッセージや感性を社会に届けていくことをその目的とした。約一五年間続いた活動に参加した、おもに中高生たちによって、自らのルーツを見つめ、家族の歩みを辿り、マイノリティを蔑《ないがし》ろにし続ける社会の現状を訴え、その変化への想いを発信する印象的な作品がいくつか完成した。

また、「自分は何?」と自らのアイデンティティをテーマに探求を続け、作品として完成させた中学生もいる。「自分はナニ人なのか?」「何をしたいのか?」「何になりたいのか?」「家族や友だちは自分を何だと思っているのか?」「そもそも自分は何を悩んでいるのか?」など、際限なく続く問いに出口は見出しにくく、人に相談してもなかなか満足いく答えが得られない。しかし、何とか自分なりの

Re:C の子どもたちによる動画の撮影中

答えを探して、伝えようとしてくれるスタッフやボランティア、NGOで活動する大人、問うこと自体に共感してくれる同世代の仲間たちが、いつも制作者のそばにいるのが、Re：Cという活動であり、たかとりコミュニティセンターという場であった。

二〇〇四年ごろから、Re：Cでは、主に小学生から高校生まで地元に暮らす子どもたちが集まる土曜日の居場所づくり、通称「Re：Cサロン」が、その活動の主軸となっていった。映像表現活動を続けていくために、たかとりコミュニティセンターという場を共有していける子どもたちの存在が不可欠という考えから、子どもたちが気兼ねなく出入りできる居場所づくりの活動ははじめられ

キッズの食育プログラム「食レック」のバーベキュー

た。サロンでは、特に決められたことをするわけではなく、子どもたちは慣れ親しんだスタッフといっしょにサッカーやドッジボール、トランプ、バドミントンなどをして過ごした。子どもたちからの提案でクリスマス会や遠足、畑体験などを行い、映像ワークショップやアニメーション教室、ヒップホップ講習など、表現活動につながっていきそうな企画も状況に応じて実施した。

小学校から高校までの多感な時期を過ごす子どもたちにとって、Ｒｅ：Ｃは、学校でもなく、家庭でもなく、決してまだ強くはないありのままの自分でいられる大切な居場所として機能した。国籍やルーツのちがい、ことばが上手く話せなかったり、勉強ができなかったり、家庭が貧しかったり、名前がカタカナであったりすることを、冷やかされたり、心配されたり。周りから寄せられるそんな偏見や同情に気を張りつめながら、うまく立ちまわることもできない自分に、歯がゆさや情けなさが募《つの》り、どうしようもない宙ぶらりんな気持ちが広がっていく日常。仲間と共に、そんな宙ぶらりんの自分の状態を、気負いや気取りなく見つめつづけることができる時間と空間がＲｅ：Ｃにはあった。

Ｒｅ：Ｃサロンに集う子どもたちの何気ない会話の中に、喜びや悲しみ、ときめきや憤りなどいろんな感情があふれていた。活動を共にするスタッフや大学生を中心としたボランティアも、日々接する子どもたちの笑顔や涙、かよわさや勇気、やさしさから、多くの力と学びを与えられてきた。

「いっしょに遊ぶんなら日本人の子がいい。外国人の子はわがままだし、行儀悪いし、正直イヤ！」。良識的な大人なら、「差別してはいけない」と毅然として叱るであろうそんな言葉を発していたのは、小学四年生のベトナムルーツの女の子であった。当時の彼女が、家族や親類、ルーツ、文化に否定的になり、自分は何とかその中から抜け出したいと願う気持ちに追い込まれていたのなら、本当の意味で差別を責められるべきなのは、マジョリティである私たちである。

自らが置かれた状況からの解放を求めながら、ことば、文化、民族、国籍などの違いを越えた「自分は何？」という普遍的な問いに挑み続けた多文化な背景を持つ子どもたち。彼／彼女らが表現し、発信していくことが、「差別する側」であることからの解放を求める私たちの想いを引き出してくれた。多文化共生社会を作っていく大きな力の源泉はいまもそんなところにあると信じている。

※本コラムは『外国人の子ども白書』（荒牧重人他編、二〇一七年、明石書店）において執筆した文章を一部編集して再録したものです。

四. 現在の活動状況——二〇一七年以降

総会の総括から辿るグループ運営解消後のFACILの変遷

ＦＡＣＩＬがＮＰＯ法人格を取得し、グループ運営を解消してからの毎年の総括は、その年の活動報告を作成するにあたり、年度末のスタッフ全体ミーティングでの議論を経て、代表者がこれを総括するという形でまとめた文章である。この総括を見ていくことで、二〇一七年以降の毎年の活動の変遷を振り返ってみたいと思う。なお、文章は当時の総会資料よりそのまま抜粋している。

二〇一七年度事業の振り返りと総括

二〇一七年度は新しい就業規則の下での活動の初年度となり、一年が経過してかなりこなれてきたようです。引き続き、運用において課題だと感じたことは、協議をするようにしていきたいと思っています。

二〇一六年度の決算状況から、経営的に対策が急務となり、当初は医療通訳モデル事業への寄付キャンペーンを展開するという計画を進めていたところに、神戸市からのアグリインバウンド推進事業[3]の委託が決まり、寄付事業に割ける時間的余裕がなくなりました。しかし、結果的にその委託事業も含めて、業務依頼が前年よりも増加したことで、二〇一七年度の決算では、よい成果をあげること

3　神戸市内の農漁業分野への観光誘致事業。

ができました。

アグリインバウンド事業は、これまでのつながりを活かして、市内の外国人コミュニティとの協働により、これまで情報が行き渡りにくかった在住外国人や訪日外国人にも、自然を楽しんでもらえる機会となり大きな成果をあげたと言えます。また、音声や映像も含む業務依頼が増え、翻訳・通訳のみならず、多言語・多文化企画への裾野の広がりを実感する業務は、将来性を考える上で大切な視点につながりました。さらに、多言語という切り口の中に「やさしいにほんご」というカテゴリーは全国的に注目されており、いち早くそれを取り入れてきたＦＡＣＩＬは、経験を積んできたことから、講師としても期待されるようになってきています。

医療通訳システム構築にむけたモデル事業は、事業開始から一四年を経て佳境に入り、年間依頼件数が昨年度の二倍近く（約一〇〇〇件）になったことで、ようやく神戸市の三病院を中心に、兵庫県の病院や大学病院を合わせると八病院が協定病院[4]となり、それぞれが主体的に関わる形が見えてきました。同時に、医療通訳業務の増加状況は、コーディネート人件費が見込めないこの事業を社会貢献事業として位置づけるには、そろそろ限界を迎えています。年明けからは、専門業者との連携で医療通訳に遠隔通訳システムを試験的に導入することにもしました。二〇一八年度からの継続にむけて、兵庫県および神戸市とのかなり具体的な協議がもたれ、コーディネート人件費という項目での補助金が計上されることになったのは特筆すべきですが、それでも延命措置だと言わざるを得ないのは残念です。今後の制度化への道筋となるよう、もう少し頑張ることになりました。ＦＡＣＩＬが今年度、この事業を続けてきたことを評価され、ＣＳＯ（市民社会組織）アワード二〇一七でグランプリを受賞したことも継続のひとつの原動力になっています。これまでの活動が市民社会への貢献と認められたことは、関係者全員にとって、とても感銘深いものでした。

ワールドキッズコミュニティの活動は、トヨタ財団の助成事業「二つ以上の言語環境で育つ子どもたちの言語形成に配慮した教育環境」で作成した、家庭での母語学習マニュアルの言語数を増やして作成しました。母語教育支援研修会としてキッズの運営委員会も定期的に行い、兵庫県国際交流協会とともに開催した母語教育支援研修会「母語教育は家庭だけの問題？」では、多くの関係者との意見交換・情報共有の場を提供することができました。

以上のようないずれの活動も、ひとつひとつに表と裏の業務があり、セミナー講師や会議出席などの外部とのつながりや発信、地道なコーディネート、WEB、ちらしなどの広報基盤の整備、労務や会計という団体運営には欠かせない細かい業務などにも、それぞれ職員が自分の役割を最大限に果たしています。

4　正式名称は「医療通訳システム事業参加医療機関」である。

コラム❾ バイリンガル提言

村上桂太郎

外国人児童生徒の言語形成を保障するバイリンガル教育環境推進のための政策提言（省略形：バイリンガル提言）　トヨタ財団助成事業：二〇一三年一一月〜二〇一四年一〇月

日本の公立学校に通う外国人児童生徒（二言語以上の言語環境にいる生徒）が学校教育を通して理解力・思考力・表現力を不足なく養っていける教育制度の確立を目指して、兵庫県に政策提言を行い、県外においても外国人児童のサポートに取り組む諸団体との連携によって全国的な規模での展開を目指す活動に取り組んだ。

提言の取りまとめにあたっては、ワールドキッズコミュニティを事務局に、外国人コミュニティやNGO・NPOのメンバー、教育関係者、学術研究者が参加し、日本語を母語としない子どもたちの言語形成に関する制度や施策の再検討や、兵庫県の母語学習支援を含む外国人児童生徒への取り組みの成果を学術研究者たちが積み重ねてきた知見と照合するための議論を重ねた。また、外国人児童のサポートに取り組む全国各地の団体を訪問し、当事者の声を提言内容に十分反映していくことを目的に、浜松、東京、神戸から多文化な背景を持つ若者を招き、ラウンドテーブルを実施した。

提言の取りまとめと並行して、提言内容に広く社会的な関心を集めることを目的とした啓発ツールとして、アメリカ・ミシガン州のバイリンガル校「ひのきインターナショナルスクール」を訪問し、現場の教師およびカリキュラムを考案した研究者などへのヒアリング・取材を通して、二つ以上の言語環境で育つ子どもたちの言語形成についてのドキュメンタリー映像を制作した。

二〇一四年九月、提言による政策実施の必要性を社会に広めていくことを目的に、多言語環境における子どもたちにとっての言語形成の困難さ、その子どもたちがもつ大きな可能性についての講演と、外国にルーツを持つ青少年らが自らの思いを語り発信するシンポジウム、さらには制作したドキュメンタリー映像の上映公開をプログラムに盛り込んだ教育フォーラム「わたしのことば、わたしの道～外国につながる子どもたちの言語教育の実践から～」を神戸勤労会館で開催した。そこでの来場者へのアンケートによって提言書案への意見を集約し、同年一〇月二八日に兵庫県教育委員会、一般社団法人兵庫県私学総連合会、神戸市教育委員会、公益財団法人兵庫県国際交流協会、公益財団法人神戸市国際協力交流センターの五機関に最終提言書を提出した。

母語教育支援に関して全国的に最も先進的といえる兵庫県において、教育委員会や国際交流協会などの機関を巻き込んで政策提言を行い、その啓発と普及を目的として開催した教育フォーラムには、県外からも多くの教育関係者が来場者として参加するなど、当初の想定以上の関心を集め、提言の内容の有効性と先駆性でもって、国内における外国人児童生徒への教育方針と主要施策に少なからずのインパクトと影響を与えることができた。

バイリンガル環境で育つ子どもたちの言語形成に考慮した教育環境整備事業——韓国との連携で広げるネットワーク構築へ　トヨタ財団助成事業：二〇一四年一一月～二〇一六年一〇月

日本の公立学校に通う外国人児童生徒が学校教育を通して、一人ひとりの言語習得状況を踏まえ、各自の段階に応じて日本語と母語の二つの道筋を考慮した学習指導を可能とする教育制度の確立のための活動を実施する中で、アメリカなど移民受け入れ先進国の言語教育の事例から学ぶことと同時にそのままでは日本国内の教育に取り込んでいくことの困難さもみえてきた。そこで、隣国・韓国に目を向け、移民を受け入れている韓国にも存在する言語形成に関する教育課題解決のため、移民先進国および日系南米人の経験と取り組みの情報共有をする機会を作り、関係者同士のネットワークを構築すること

トヨタ財団助成金による活動で韓国にて国際シンポジウムを開催

で、二つ以上の言語環境で育つ子どもたちにとってよりよい公的教育への提言と啓発を図るためのシンポジウムを両国で開催するプロジェクトに取り組んだ。

韓国の現地パートナー団体となったアジアンブリッジのコーディネートで、ソウルおよび仁川で多文化家庭や移住女性の支援に取り組む団体や、バイリンガル教育等に関わる関係機関・団体を訪問し、韓国においてバイリンガル環境で育つ子どもたちの現状と課題、また日本の状況との類似点や相違点について意見交換を重ねた。

二〇一五年八月、アメリカ・ミシガン州の「ひのきインターナショナルスクール」の創設者およびボリビア・サンタクルスの日本語普及学校の教員（デカセギとして来日した日系三世の子どもとして日本で育ち、日本語で教育をうけた当事者）などを招き、教育関係者や保護者を主な対象とした国際シンポジウム「二つ以上の言葉の狭間で生きる子どもたち」を、韓国・ソウル（八月二一日）、日本・神戸（八月二七日）で開催し、先駆的な教育の実践事例や、ロールモデルとなりうる人物の経験談を広く紹介する機会とした。同時に互いの国における外国人児童生徒の言語形成における教育環境や実践例についての知見の共有や課題を深くディスカッションするため、シンポジウムで招聘したメンバーと、教育支援者たちによるラウンドテーブルを両国で実施した。

ラウンドテーブルおよびシンポジウムの内容は日本と韓国それぞれで啓発用の報告集としてまとめられ、韓国側のカウンターパートであるアジアンブリッジの主導で、ソウル市に対して、シンポジウムとラウンドテーブルの成果を掲げながら、バイリンガル環境で育つ子どもたちの人権擁護と言語保障について、ソウル市として積極的に取り組んでいくべきという提言がなされ、ソウル市より最優先課題（grade A）として取り組むべきという積極的な返答を得ることになった。日本に比べて外国人児童生徒の人権を擁護する法整備は進みながらも、子どもたちの母語への配慮の必要性については、公教育はもとより、市民活動の実践レベルでもまだ十分に認知されている状況ではなかった韓国において、本プロジェクトが先駆的な成果を生み出したといえる。

さらに二〇一五年八月から九月にかけて、日韓両国でのシンポジウムとラウンドテーブルで得られた成果や言語形成に関する知見を、古く中国系移民の受け入れの中でバイリンガル教育の知恵があり、また、移民の送り出し国として日本に連れてこられた子どもたちが戻ってくるケースも多いフィリピンの研究者や実践者と共有するため、フィリピン国内の三つの大学でバイリンガル教育に関する説明会と意見交換会を開催した。

二〇一八年度事業の振り返りと総括

ＦＡＣＩＬの屋台骨である翻訳・通訳事業は、ＷＥＢ、音声・映像、印刷などにどんどんつながる様相を見せており、この展開はとても喜ばしいことです。しかし同時にますます専門的な技術が求められるようになり、一部の職員に業務が集中しないよう、一人ひとりのスキルアップを考えていかなければなりません。

そして、二〇一八年度の決算状況では比較的収入が安定してきているとはいえ、職員の業務状況は、時期によって忙しさに波があること、また翻訳・通訳依頼案件数が増加しているにもかかわらず収入額が減っていることから、コーディネート業務量は増えているということが明らかになっています。FACILのミッションを鑑みると、これはコミュニティビジネスとしては当然の現象といえるものの、事業の効率性とのバランスをどのように取るかなど、試行錯誤はまだまだ続きそうです。

神戸市からのアグリインバウンド推進事業の委託は、案件ごとの依頼事業に変わったものの、引き続きFACILとキッズの強みである外国人コミュニティとのつながりで、事業を展開することができました。地域活性化につながるとともに、外国人コミュニティのメンバー同士の交流促進の一助になりました。

医療通訳システム構築に向けたモデル事業は、事業開始から一五年を経て兵庫県の病院や大学病院を合わせると協定病院も一〇病院となり、依頼件数の増加が著しく、継続の限界を訴えてきたところ、兵庫県と神戸市による遠隔通訳システム導入促進事業への助成金により延命措置的予算が組まれて、なんとか乗り越えたところです。NHKがこの現状をニュースとして配信してくれたことで、コーディネート人件費が見込めないこの事業を社会貢献事業として位置づけていることに意義と共感をもってくださった民間財団が寄付の申し出をしてくれています。その寄付により、公的予算では賄いきれない部分を補填して安定的な制度設計に向けて体制の改善整備の提案をしています。

ワールドキッズコミュニティの活動は、二〇一四年にトヨタ財団事業で作成した家庭での母語学習マニュアルを、言語数を増やして作成し全部で六言語となりました。兵庫県国際交流協会とともに開催した母語教育支援研修会「多文化を活かす学校づくり」では、ますます深刻な現状を考えさせられながらも、大きな可能性につながる学校現場の具体的な取り組みを提供する機会となりました。

いつも繰り返しお伝えしていますが、このような活動の一つひとつに表と裏の業務があり、セミナー講師や会議出席などの外部とのつながりや発信、根気のいるコーディネート、WEB、ちらしなどの広報基盤の整備、労務や会計という団体運営には欠かせない細かい業務など、経験と専門性に加えて、地道な日々の業務の積み重ねでなりたっています。設立から二〇年はその積み重ねであり、毎年同じことを繰り返しているようで、二〇年を振り返ると、さまざまな変革の軌跡が確かに存在し、この手応えが職員のモチベーションになっていくのだと思います。

設立から二〇年の節目になる二〇一八年度に多言語センターFACILは、「地域再生大賞」というりっぱな賞をいただきました。全国の地方紙が推薦した市民団体の中から、兵庫県では大賞受賞が初めてとなる賞です。このように評価されたことで関係者一同と素直に喜びを分かち合い、今後も社会に必要とされている活動を目指して、気持ちを引き締め継続していきたいと思います。

二〇一九年度事業の振り返りと総括

二〇一九年度は、新型コロナウイルス感染症の蔓延という前代未聞の状況で終了を迎えました。

社会貢献事業として位置づけてきた医療通訳事業も一六年目に入った二〇一九年度は、大きな節目の年ともなりました。依頼件数が年間一〇〇〇件を超えたことで、FACIL独自のコーディネー

インドネシア研修旅行

ト業務の継続が困難になっていたことから、寺山財団からいただいた多額の寄付金で実際の事業継続を支えていただきました。この大きな支援により、これまで取り組んできた事業の必要性が広く認知されたとの実感を持つことができました。兵庫県と神戸市の助成金による医療機関環境整備事業も二年目を終え、年度末のコロナ状況が、協定病院での遠隔通訳活用の広がりを後押しすることと思います。そして、特筆したいのは、同行通訳中心の現行の体制から、連携している東和エンジニアリングの「Ｍｅｄｉ－Ｗａｙ」の活用を中心とする体制へと、協定病院との実施要領の大幅な改訂が実現したことです。料金体制や支払いの流れも見直し、ようやく新しいしくみのスタートが決まりました。

さて、翻訳・通訳事業が、それだけでは自動翻訳の性能に押されていくことは、これまでも危惧してきており、多様な住民とのネットワークやコーディネート力を活用した経験を活かしてアイデアを発揮するという趣旨で「多文化企画事業」を柱として立ててきました。その一つであった「神戸ＰＲアンバサダー事業」のコーディネート業務は、抑えられた予算の中でそれなりの成果をあげたものの、ＦＡＣＩＬのネットワークをじゅうぶんには発揮できなかったことは残念でした。その消化不良もあり、次年度のじゅうぶんな予算での募集入札に挑戦したものの採択には至りませんでした。

この多文化企画事業の発想を膨らませるために、地域再生大賞でいただいた賞金を活用して、夏には職員研修旅行としてインドネシアに行き、モチベーションアップにつながりました。

同じく多文化企画事業の一つでもあるＪＩＣＡ研修事業は、これまでＦＡＣＩＬならではの新しい研修テーマとして提案し続けてきた「多様性と社会参画」が、ＪＩＣＡの大きな方針転換により新たに使われはじめたテーマである「多文化共生」を目指すものとして、既存の研修の中に位置づけられるようになりました。研修テーマとして正式に認められることに一歩近づいたといえます。

とはいえ、これらの事業はＦＡＣＩＬの根幹である翻訳・通訳事業の延長線上にあり、事業が新たな展開をしていくとしても、この基盤であるコーディネート業務については、引き続きしっかりとした経験を積み上げていかなければならないことを、忘れないようにしたいと思います。

キッズは、二〇一九年度は目立つ活動には着手せず、継続しているネットワーク関連の活動に終わっています。キッズは団体としての役割は整理する時期に来ており、ＦＡＣＩＬの事業の中に組み込まれていくことを想定し、そのように縮小のプロセスに入っていますが、これまでのつながりと経験は、ＦＡＣＩＬの柱として引き継がれていくものです。

二〇二〇年度事業の振り返りと総括

二〇二〇年度は、コロナではじまりコロナで閉じました。夏以降に新型コロナウイルスの感染状況が落ち着いたかのような油断からGo to トラベルのような経済挽回の取り組みが裏目に出て、さらなる感染拡大で年度末を過ごしました。そのためにFACILでも一年のほとんどをリモート業務として、職員が事務所にそろう機会はあまりありませんでした。このような非常な状態の中で、ITをできるだけ有効に使うことを駆使しながら、新しい職員三名も含めて各自が柔軟に役割を果たして乗り越えてきていると思います。一二月からは産休・育休を終えて出勤しはじめた事務局長を迎え職員も安心したところで、リモート業務ではじゅうぶんではない意思疎通や情報共有の促進のために、年度末を終えてから例年よりも長く時間をさいて、職員一人ひとりの振り返りと、基本的な団体の活動趣旨に基づいた役割分担などの確認もしました。

また、会計入力とも連動したデータベースのクラウド化を目指して効率化とコスト削減を実現できる新しいシステムを導入したことにより、今年度は会計入力の外部委託が不要になり、今後のデータベースクラウド化への基盤ができました。

コロナ禍で激減した通訳業務や研修・交流事業に代わって、オンラインの活用が社会全体に進んだおかげもあり、翻訳・通訳の仕事も内容の内訳を変えながら持ち直し、全体的には黒字決算となりました。

主たる柱である翻訳・通訳事業でも、性能をあげてきている自動翻訳について一部でうまくとりいれられないかと検証を試みたのですが、やはり細やかな人海戦術体制がFACILの強みであるという結論でした。実際に自動翻訳原稿の内容確認などの依頼も見られるようになっています。

寺山財団に支援をしていただいているおかげで、社会貢献事業として位置付けてきた医療通訳事業も一七年目を無事継続することができました。人材育成は着実に成果をあげていると言えますが、まだ制度化にはいたっていません。兵庫県と神戸市の助成金による医療機関環境整備事業も三年目に入って、二〇二〇年度から基本を遠隔通訳体制に変えたと同時にコロナ禍が後押しとなり、遠隔通訳が同行通訳の件数に迫ってきている状況が、制度化につながればと考えています。

二〇二〇年度に力を入れた事業として、新型コロナウイルス関連多言語支援活動があります。これこそ、多様な住民とのネットワークやコーディネート力を活用した経験を活かすことで成果をあげることができる、ＦＡＣＩＬが目指しているプラットホーム構築の基盤強化になるものです。

多文化企画事業の一つでもあるＪＩＣＡ研修事業は、これまでＦＡＣＩＬが提案し続けてきた「多様性と社会参画」が、ＪＩＣＡの大きな方針転換により新たなテーマとする国内も視野に入れた「多文化共生」を目指すものとして、一つの研修の柱へとつながり、その延長線上で日系人受け入れ研修やコミュニティ防災の企画のアドバイザー的な役割をＦＭわぃわぃとともに果たしており、来年度につながる可能性が大きいです。

キッズは、二〇二〇年度はすでに役割をＦＡＣＩＬの事業の中へと移行させつつあり活動には着手しませんでした。しかしその活動でのつながりは、確実にＦＡＣＩＬの外国人コミュニティを中心としたネットワーク構築に引き継がれています。今年度は団体の整理には至りませんでしたが、今後もこの方針を変えない予定です。

最後に、次世代への移行がようやく現実的となり、二年後の理事長交代に向けて役員交代も進んでいます。サポートしてくださる役員や会員の方たち、活動に参加してくださるインターンやボランティアの方たちすべてにも、新しい体制への提案や応援をしてくださいますよう、引き続きどうぞよろしくお願い申し上げます。

コラム⑩ 新型コロナウイルス関連多言語支援活動（多言語サポート）

玉田なつみ（FACIL翻訳・通訳コーディネーター）

二〇二〇年、新型コロナウイルスの感染拡大を受けた社会の混乱のなか、日本で暮らす外国人も大きな影響を受けました。帰国困難や失業など不安な状況で、言葉の壁、制度の壁、差別や偏見といったこころの壁にぶつかりセーフティネットから取りこぼされてしまうことは少なくありません。そうしたなか、多言語センターFACILでは、コロナ禍で困窮する外国人住民に情報や支援が行き届かずさらに困窮してしまうことのないよう、情報提供や相談対応を行う外国人支援団体の後方支援として、コロナ禍で必要となる情報の多言語化や通訳によるサポートを開始しました。

こうした自主的な活動を進めていくうえで不可欠なのが、ボランティアの方々の力です。この活動では、コロナ禍で外国人住民が必要とする情報の翻訳や、PC、タブレット、スマートフォンなどによる遠隔も含めた通訳に力を貸してくださる方が必要でした。そこで、まずはＦＡＣＩＬの翻訳・通訳登録者のうち、過去一〇年間で仕事を依頼した登録者、および過去五年間の新規登録者、計八七〇名を対象に活動への協力を呼びかけました。その後、ボランティア登録者が少ない言語については、ふだんから翻訳や通訳の仕事を依頼している登録者に改めて活動内容について説明し、ボランティアとしての協力をお願いしていきました。また、これまでの翻訳・通訳登録者への連絡だけでなくＦＡＣＩＬのホームページおよびFacebookにも募集ページを掲載し、より広く協力者を募りました。このように、これまでのＦＡＣＩＬの活動を通して築いてきたつながりを生かしながらそれを新たに拡

コロナで困っている外国人住民のための多言語情報ポータルサイト

大することで、結果としてわずか三ヶ月で登録者は一九四名（二九言語）にのぼり、最終的には二〇二一年四月末時点で二〇四名（三〇言語）と、外国人も日本人も含め多くの方がボランティアに登録してくださいました。

登録者には、その都度自主活動での依頼であることを明示したうえで、ＦＡＣＩＬや支援団体等が作成した情報の翻訳、支援団体から要請のあった通訳への対応をお願いしました。翻訳・通訳以外にも、翻訳のチェックや原稿づくりなど、登録者にあわせてさまざまな形で協力をしていただきました。また、こちらから一方的に仕事を依頼するだけではなく、例えばこちらで作成した原稿に対して外国人住民の目線でコメントしてもらい改良するなど、双方向のコミュニケーションを大切にしながら活動を進めていきました。

こうした活動への協力は、当初は無償でお願いしていました。しかし、長引くコロナ禍で長期的なスパンでの支援や情報提供が必要になるなか、質の高い翻訳や通訳によるサポートを継続的に実施していくためには、無償ボランティアに頼るという方法では限界があります。そのため、翻訳・通訳者のボランタリー精神を頼りつつ些少なりとも謝金を支払える体制を整えるべく、複数の財団・助成団体に掛け合い、最終的には寄付金や助成を活用してわずかながらお礼をお渡しする形で活動を継続することができました。

実際の登録者の声としては、活動内容について大きな負担感はなかったようで、無償で協力してもよかったという方もいらっしゃいました。また、ボランティアに登録した理由としては、翻訳・通訳の能力を困っている人のために役立たせたい、社会に貢献したいというものが多く、同じ理由で今後もこのような活動があればできるだけ関わりたいという声も多くの方からいただきました。非常時にボランティアとして協力してもらえるつながりができていることを改めて認識するとともに、そうした声に応える場づくりが大切だと感じます。

最後に、ボランティアと共に進めていくこのような活動には課題もあります。コロナ禍での多言語情報の発信では、登録者の力で多岐にわたる情報を多言語化することができたものの、協力者の多くが多言語化した情報がどうなったのかを把握していないという状況でした。情報を公開した際にメールで知らせていたものの、それではじゅうぶんではなく、登録者から周知してもらうまでには及ばなかったといえます。翻訳・通訳だけでなく、多言語化した情報の周知など、まだまだ登録者の力を発揮してもらえる余地はあります。せっかくの貴重なつながりをいかに広く生かしていくかということは、今後の重要な課題だと感じています。

二〇二一年度事業の振り返りと総括

二〇二一年度も、コロナワクチン接種は進んだものの、まだまだ状況は落ち着きませんでしたが、社会全般にどのようにコロナと共存していくのかについて、さまざまな分野での知恵を絞った取り組みがはじまってきたように思います。ＦＡＣＩＬも、状況に応じて対面での業務を再開はしましたが、新しく取り入れたリモートの環境も活用しながら視野を広げた活動が展開できたと思います。

寺山財団からのご寄付で二〇二〇年度から続けている新型コロナウイルス関連支援活動も継続し、その内容や発信手法について関係者へ調査を基にした詳細な検証活動は、そのプロセスそのものも含めて、ＦＡＣＩＬが目指している情報多言語化のプラットフォーム構築への大きな前進となりました。

一八年継続している医療通訳事業も、寺山財団からの寄付と兵庫県国際交流協会や神戸市からの助成金、また神戸万国医療財団からの寄付などを継続的にいただいていることで、医療通訳の制度化を目指してきたＦＡＣＩＬのモデル事業の基盤強化と可視化が進み、医療通訳の必要性がより関係者にも社会にも認識されてきました。この社会貢献事業を継続してきたことで、コロナ関連翻訳・通訳の受注へとつながり、ＦＡＣＩＬ本体事業への信頼度も高まったように思います。さらに、寺山財団事業として、医療通訳者やコーディネーターの育成が効果をあげたことは、報告書にも詳しく説明させていただいています。

ＦＡＣＩＬの主軸となっている翻訳・通訳事業にもコロナの影響は、マイナスをプラスに転換させる可能性につながっています。オンラインの活用が社会全体に進んだことにより、需要が増加した遠隔での同時通訳などについて、コーディネーターも試行錯誤をして技術を習得できました。ワクチン接種会場での通訳手配の依頼や保健センターの疫学調査の際の電話通訳手配など、神戸市との緊急時の連携も進みました。おかげで、今年度も黒字決算となりました。ソーシャルビジネスとして、多言語化の促進に貢献するという目的達成に近づきました。

また、会計入力とも連動したデータベースのクラウド化もようやく運用がはじまり、職員一人ひとりがこれに慣れていけば、業務の効率化が進んでいくようです。

多文化企画事業の一つでもあるJICA研修事業は、FACILに直接的な研修依頼にはまだつながらなかったものの、その延長線上で、兵庫・国際協力同志の会（HYOMIC）の幹事として連携して実施したセミナーなどは有意義な活動となり、記録をブックレットとして発行するなど、今後は社会全体に国際協力と多文化共生の連携の必要を示唆する事業となりました。昨年度同様、アドバイスや研究講師としての協力も、今後につながることと期待できるようです。

ワールドキッズコミュニティは、二〇二〇年度でその活動をFACIL内のプロジェクトと位置づけ、団体としては終了します。これまでも実態としては、FACIL職員が実質的な業務を担っていたので移行はスムーズです。外国ルーツの子どもたちとその保護者たちとの連携事業は、今後も必要とされる大切なテーマとして、FACILがしっかりと受け継ぐことを確認しました。

コラム⑪ 兵庫・国際協力同志の会（HYOMIC）

山口まどか（FACIL事務局長）

HYOMIC（兵庫・国際協力同志の会 Hyogo Network of Copemates for International Cooperation）は、FACILが、FMわぃわぃ、PHD協会、Future Code、JICA関西

と共に幹事団体をつとめるネットワークである。兵庫県に活動拠点を持つ国際協力団体が定期的に学び合いや意見交換を行っている。

ＨＹＯＭＩＣのきっかけは二〇一六年、当時ＪＩＣＡ関西の所長であった大西靖典さんとＦＭわぃわぃの日比野純一さんのこんな話からだった。兵庫県には阪神・淡路大震災をルーツとして市民社会と共に成長したＮＧＯ、ＮＰＯ、市民団体が数多くある。海外の活動と国内の活動をつなげることで効果をあげる団体も出てきている。そして今、一方向の援助や協力ではなく、双方向の学び合いが必要とされている。しかし、各団体、ＪＩＣＡを含め、スタッフや関係者が流動的に活動するなか、お互いが気軽に相談できる機会や世代を越えた学び合いの場が十分には育っていない。学び合いを目的としたゆるやかなネットワークを築き、各々の団体がより良い国際協力活動を展開しながら、地域社会の課題に取り組めるようにしたい。地域社会での活動経験を活かして国際協力に取り組んでいる団体の、兵庫ならではの集まりの場を作りたい。その思いがＨＹＯＭＩＣの発足につながった。

第一回の集まりは二〇一七年三月九日、まだＨＹＯＭＩＣの名前はなかったが、兵庫県を拠点とする市民団体がＪＩＣＡ関西に集まり、ＳＤＧｓについて、ＪＩＣＡ本部と遠隔会議システムで意見交換を行った。多くの団体が顔を合わせ気軽に話せる場に手ごたえを感じ、このゆるやかなネットワークをＨＹＯＭＩＣと名づけ、今後も継続するため、ＦＭわぃわぃ、ＰＨＤ協会、Future Code、ＪＩＣＡ関西、ＦＡＣＩＬが幹事となった。その後、二〇一八年三月に第二回研修会として「海外での国際協力活動における安全管理」、そして二〇二〇年三月の第三回は新型コロナウイルスの感染拡大によりやむなく延期、体制を立て直し、同年九月に「多文化共生と国際協力」をはじめての対面オンラインハイブリッド開催、第四回は二〇二一年二月に「防災」をテーマとして、さらに第五回は二〇二一年一〇月に「多文化共生と国際協力VOL．２」を開催し、学び合いと意見交換を続けた。

特に、この二回にわたり開催された「多文化共生と国際協力」は、コロナ禍が提起したともいえるテーマで重要な意味を持つものとなった。これまで、「海外の国際協力」と「国内の多文化共生」という感覚で、これらはどこか別物とみなされ、棲み分けされる風潮があった。しか

アフリカを学ぶ HYOMIC 第７回研修会

し、コロナ禍で海外での活動が難しくなり、これまで海外をメインに活動してきた団体が国内に目を向けはじめた。下手をすると国際協力と多文化共生、お互いの活動への誤解や牌の奪い合いのような状況が懸念されるなか、まさに分野を越えた学び合いと相互理解が必要とされていた。そのようななか、この二回の「多文化共生と国際協力」を通して、さまざまな団体が自分たちのフィールドでのこれまでの経験や葛藤、悩みを共有し、意見を出し合った。国際協力も多文化共生も、本来その取り組みは「海外か国内か」というくくりではなく、それぞれの場所で知恵を出し合って地域課題を解決するもの、そういった意味で同じものであり、お互いの視点やノウハウを共有することで、あらたな学びや協力の道筋が見えた。

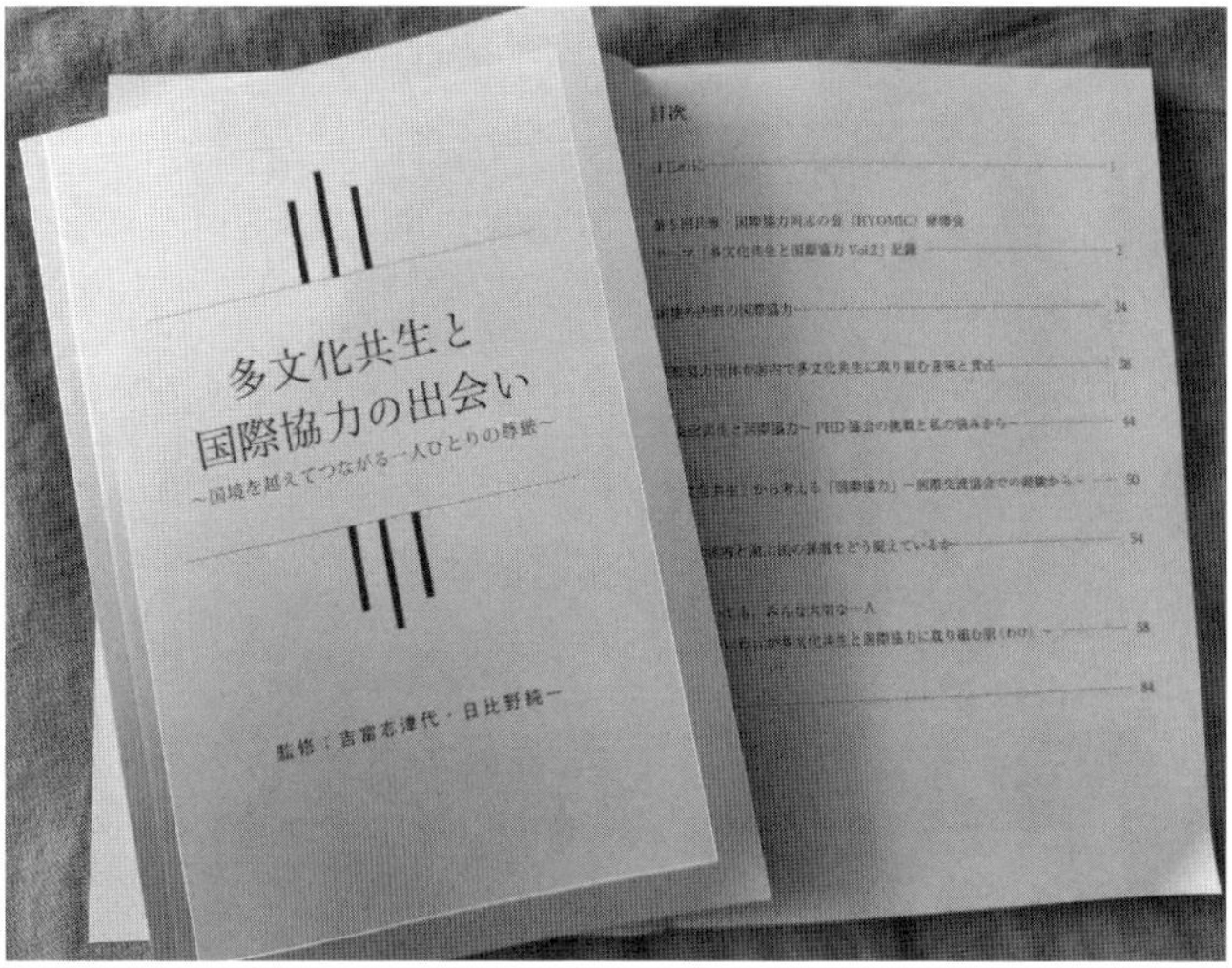

HYOMIC 第 5 回研修会の記録ブックレット

その結果をブックレット「多文化共生と国際協力の出会い～国境を越えてつながる一人ひとりの尊厳～」にまとめ、「名古屋外国語大学世界共生学部・吉富志津代研究室」から発行した。

そして第六回の研修会はHYOMICの新しい挑戦となった。企画から運営までのすべてをHYOMICに関わる団体のユース（インターン、学生、若手スタッフ等）に委ね、二〇二二年三月「国際協力×私　国際協力次世代の担い手～ユースの発想と手法～」を開催。ユースチームの企画力、運営力に加え、若い世代の国際協力への情熱や、彼ら彼女らはすでに国際協力と多文化共生をシームレスにしなやかにとらえていることもわかり、大人たちは大いに驚かされ、国際協力の未来に希望が持てる内容となった。その後、二〇二二年九月には第七回研修会として、TICAD8（アフリカ開発会議）にあわせた「アフリカ×兵庫～知る、深める、繋がる、私たちとアフリカ～」を開催、二〇二三年三月の第八回研修会では、ユース企画再び、新たな若手チームによる「十人十色の国際協力～現役インターン生・現場の先輩と考える国際協力への道～」を開催した。ユース企画に関しては、毎年FACILからもインターン経験者や若手スタッフが企画チームとして参加している。

そしてこの間、これらHYOMICとしての活動の他に、HYOMICのなかからFACILを含む数団体による、ミャンマー支援活動も生まれた。二〇二一年二月のミャンマーの軍事クーデターの後に立ち上がったこの活動は、四月と五月にArt & Talk is our

Weaponとして、また一〇月には「下町芸術祭」に合わせて、計三回のアートやトークセッションのイベントを開催、支援活動、募金活動を実施した。

このようにHYOMICはその時々の社会背景や国際状況、各メンバーの興味関心にあわせた柔軟な学び合いの場であり、多様なテーマを扱い、そこから自然と生まれるものを大切にしながら、課題解決の糸口を共に見つけていくものである。このように分野や世代を横断したネットワークがHYOMICであり、これからもFACILにとっての大切なつながりとしてゆるやかに続いていくものである。

二〇二二年度事業の振り返りと総括

二〇二二年度は、後半になってコロナ禍が少しずつ落ち着いて、通常生活に戻りはじめてきたかと思います。そのような状況下で、FACILでは世代交代に向けてさまざまな動きがありました。まずは、設立から二四年間の活動の記録をまとめることをしています。これはFACILの設立から今に至るソーシャルビジネス展開の変遷をベースとして第一部にまとめ、その中でも医療通訳のしくみづくりに関する活動は大きな柱となっているので第二部とし、FACILで設立当初から活躍をしてくれている、外国ルーツの翻訳・通訳者五名のキャリアパスをインタビュー形式で第三部にまとめました。

また、ＮＰＯという組織で働くための基盤を築くためのひとつとして、雇用の安定にも取り組んできましたが、今年度は理事の協力のもと、給与の評価基準を明文化することや退職金についての規程も検討していきました。働く環境という意味では、ＩＴ関連では、データベース管理やバックアップ体制などの職場環境整備にも取り組みました。

それとともに、団体のミッションを新旧の職員がしっかりと共有できるよう、大阪ＮＰＯセンターの伴走で、ＦＡＣＩＬの中長期計画の策定にも職員全員で取り組みました。ＮＰＯは組織を守るために存在するのではなく、そのミッションに向かって社会変革を目指すという意識を忘れてはならないと思っています。

おかげさまで、通常の仕事の量が減ることなく、むしろ仕事量は増えていく中で、このような取り組みを進められたのは、次世代のメンバーの今後への意気込みを表すものだと大いに期待しています。

翻訳・通訳事業は、ナレーションやＤＴＰ関連の業務も含めて依頼件数は増えていますが、大きな案件が少なかったようで、その収入自体は減っています。とはいえ、医療通訳システムに参加していない病院からの通常の事業としての医療通訳依頼が増えていることは、これまでの医療通訳しくみづくりという社会貢献事業で培《つちか》った経験や技術を認められた結果が数字に現れたということでしょうか。二〇二四年を経て、無償のボランティア頼みであった分野に対価がつき、社会の多言語化が進んでいったことを実感しています。そしてコロナ禍で日本もようやくＩＴ環境の整備が少し進み、それに遅れを取らないような技術も身につけていっています。

医療通訳のしくみづくりの活動は、これをモデル事業と位置づけているにもかかわらず、すでに兵庫県における医療通訳のしくみができているように捉えられ、いまだに制度には至っていないことに歯がゆい思いを抱いています。医療機関の意識は確かに変わってきていますが、寺山財団からいただいている寄付にも限りがあることですし、神戸万国医療財団からの寄付に依存する医療機関もあり、市民団体の自助努力のみで継続することは難しいことを、引き続き訴えていきたいと思います。

　兵庫県からの委託事業としてのウクライナ避難民への支援では、ウクライナ出身のスタッフを窓口に、兵庫県内の市民団体との連携で、そのサポートと共にネットワークを築いているところです。残念ながらまだ長期化が予想されるので、引き続き多様な取り組みが求められると思います。

　ＪＩＣＡ関連事業では、そのネットワークを活

三田市で開催したウクライナ写真展に協力

かして地道な取り組みを続けていますが、ひょうごラテンコミュニティとの連携による日系社会研修受け入れ事業で来日していたメキシコの研修生との交流は、職員にとっても楽しい学びになったはずです。

最後に、ようやくFACILの世代交代を果たせることとなり、私がこの総括を書くのも最後となりました。二四年間、さまざまな形で応援をしてくださったみなさまへの感謝の言葉が尽きません。引き続き、新しい体制への提案や応援をしてくださいますよう、心よりよろしくお願い申し上げます。

コラム⑫ ウクライナ避難民支援事業

村上桂太郎

二〇二二年五月から、FACILでは、外国人コミュニティの立ち上げと継続的な支援によって蓄積してきた知見やネットワークを活用し、ふるさとひょうご寄付金「ウクライナ緊急支援プロジェクト」に集まった寄付を財源として兵庫県国際交流協会と連携しながら、県内での生活を開始したウクライナ避難民の人びとの支援活動を行っている。相談受付やヒアリングを実施し、避難民から寄せられる就労、医療、教育、在留資格の変更など、日常生活でのさまざまな場面での困難を解消するために、NGOや行政窓口との調整を図りながら、サービスや物資の提供に取り組んでいる。事業の遂行は自らも両親を本国から呼び寄せたウクライナ人スタッフが、日本人スタッフとともに担当している。

日毎に変化する戦乱の状況や本国に残る家族・友人の安否に昼夜を忘れて煩悶しつつ、一日でも早い帰国を望み過ごす人。焦土と化した故郷に思いを馳せつつ、日本で生活基盤を築いていくことを決意し、日々時間を惜しむほどに仕事や日本語の習得に励んでいる人。避難民の人びとも、わたしたちと同じように一人ひとりの様子や考えに違いがある。物事を円滑に進めるために効率が求められる場面では、そうした違いは軽視されやすく、人道支援を謳う活動でも同様の状況に陥ってしまいがちである。しかし、阪神・淡路大震災からのまちづくりの歩みから、一人ひとりが当たり前の自分として、スマートさを求める関係を超えた場面で共にいられることで、ゆるやかな心地よさが生まれることを知っている。たかとりコミュニティセンターとFACILの活動でくり返されてきたそうした経験を、ウクライナをはじめさまざまな戦禍や災禍を逃れてきた人びとと一緒に培っていきたい。

おわりに　FACILのミッションと世代交代

FACIL設立から二四年が経ち、振り返ってみると、いろいろなことが思い出される。

当初は、兵庫県の助成金でスタートした。ＮＰＯ法人という形態で、コミュニティビジネスを展開するということの意義、社会的課題の解決であるという運動をして、それをビジネスにするということへの社会の理解は二四年の間に進んだように思う。有名な近江商人の経営哲学である、「売り手によし、買い手によし、世間によし」を示す「三方よし」という表現は、「商売において売り手と買い手が満足するのは当然のこと、社会に貢献できてこそよい商売といえる」という考え方である。翻って考えるに、ＦＡＣＩＬの経営理念はここにあり、社会の経済活動そのものを、この原点に戻って考え直していくべきものなのではないだろうか。そういう意味で、ＦＡＣＩＬのようなビジネスのあり方が、今後の社会全体に広がってほしいという期待を込めて後継に委ねたいと思う。

ＦＡＣＩＬで長く働く職員は、たかとりコミュニティセンターとの関わりがすでに二〇年を超え、また新しい職員も増えていき、理事長交代というこの節目を機に、ＮＰＯという職場をどのように継続していくのか、さまざまな視点で振り返るための勉強会と中長期計画ミーティングの内容を最後に記しておくことで、今後の活動の指標としていきたい。ただし、ここには表現されていないＦＡＣＩＬの文化として、柔軟な社会変革の意識を伴うゆるやかな活動スタイルは忘れないでいてほしいと願っている。

ＮＰＯ勉強会

中長期計画作成の前段階として、ＦＡＣＩＬスタッフが、ＮＰＯについて知り、考える勉強会を二〇二二年一二月九日に開催した。中間支援を行っている認定ＮＰＯ法人大阪ＮＰＯセンターに講師を依頼し、まずFACILの成り立ちを振り返り、市民活動の歴史を踏まえた特定非営利活動促進法の成立にいたる過程、NPO法人と株式会社や一般社団法人など他の法人との違いの説明を受け、最後に「FACILはなぜNPO法人なのか」を全員で考え、ディスカッションした。古くから活動に参加してきたスタッフには立ち止まって考えなおす時間になり、ここ数年のあいだに新たに加わったスタッフにはNPOとは何か、なぜNPOなのかを知り考える機会となった。お互いの知識や認識の差を乗り越えられた勉強会となった。

中長期計画ミーティング

続けて、「今後のFACILが目指す団体像」と中長期計画を作成するため、スタッフ全員で二〇二三年一月六日から三月一日までに五回のミーティングを実施した。話し合った内容は次のとおり。

FACILが目指す団体像

- 多様なルーツをもつ仲間たちと協力し、独自の視点で発信する団体
- 誰もが対等な関係と機会を持てる多文化共生の社会づくりに挑戦する団体

中長期計画

①FACILがどのような団体であるかを社会に伝える広報戦略を立て、スタッフ全員が発信す

多言語センターFACIL　2022年度(2022年4月～2023年3月)
一般翻訳通訳・多文化企画事業の状況

※実施事業は、4月1日～3月31日の間に納品完了した医療通訳以外の案件。

実施事業（依頼者種別）

依頼者	件数	金額	（参考：2021年度）	
行政	237	¥22,797,115	174	¥28,377,141
学校・病院・その他施設	224	¥6,977,872	157	¥6,627,615
民間（企業,団体）	447	¥37,375,068	399	¥40,668,666
個人	146	¥1,789,959	73	¥1,177,185
合計	1054	¥68,940,014	803	¥76,850,607

▸前年度より251件増加、7,910,593円減少（受注単価30,296円DOWN）

実施事業（内容別 ※重複あり）

依頼内容	件数	（2021年度）
翻訳 レイアウト付・文字起こし付含む	582	477
通訳（医療通訳以外）相談窓口通訳・翻訳付含む	406	245
レイアウト(WEB/印刷) 翻訳付含む	24	17
語学講師	5	1
ナレーション 翻訳付・動画編集付含む	18	20
講演・研修講師	24	19
その他 ・多文化企画 ・看護実習受入れ ・フィールドワーク受入れ ・文字起こし ・調査協力　　等	17	24
合計	1076	803

複合案件 25件

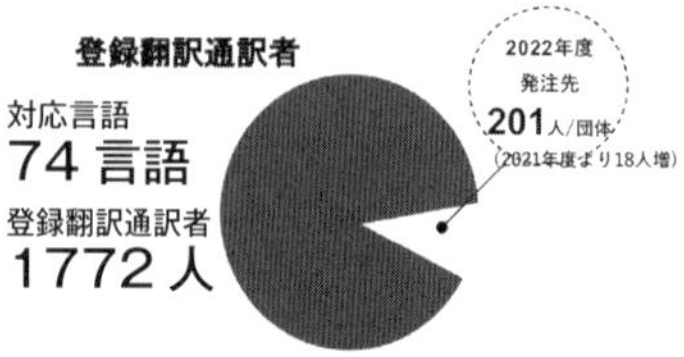
登録翻訳通訳者
対応言語
74 言語
登録翻訳通訳者
1772 人
2022年度
発注先
201人/団体
(2021年度より18人増)

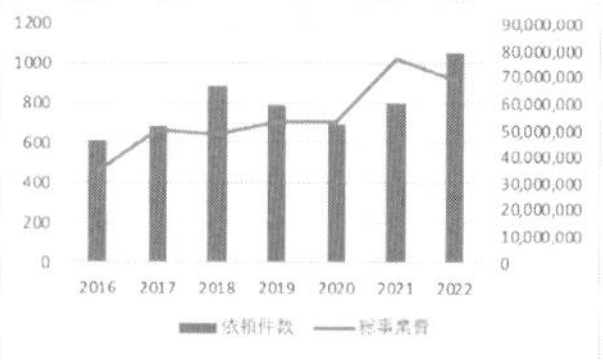
1200
1000
800
600
400
200
0
90,000,000
80,000,000
70,000,000
60,000,000
50,000,000
40,000,000
30,000,000
20,000,000
10,000,000
0
2016
2017
2018
2019
2020
2021
2022
依頼件数
総事業費

実施事業（言語別）

依頼言語	件数	（2021年度）
英語	484	331
ベトナム語	275	322
中国語（簡）	158	138
中国語（繁）	56	46
中国語（普通話・北京）	17	35
中国語（広東語）	1	6
台湾（台語）	9	6
韓国・朝鮮語	116	106
ウクライナ語	82	4
スペイン語	79	121
ネパール語	73	63
ポルトガル語	71	137
フランス語	58	49
タガログ語	52	74
タイ語	35	43
インドネシア語	34	50
ミャンマー語	18	17
ロシア語	18	25
クメール語	14	5
アラビア語	11	13
ベンガル語	9	2
ウルドゥ語	6	7
ドイツ語	6	20
マレー語	5	9
ヒンディー語	5	4
ルーマニア語	4	0
モンゴル語	2	3
ダリ語	2	0
イタリア語	1	12
シンハラ語	1	4
ウズベク語	1	1
カタルーニャ語	1	0
その他	0	9
日本語	61	106
合計	1765	1768

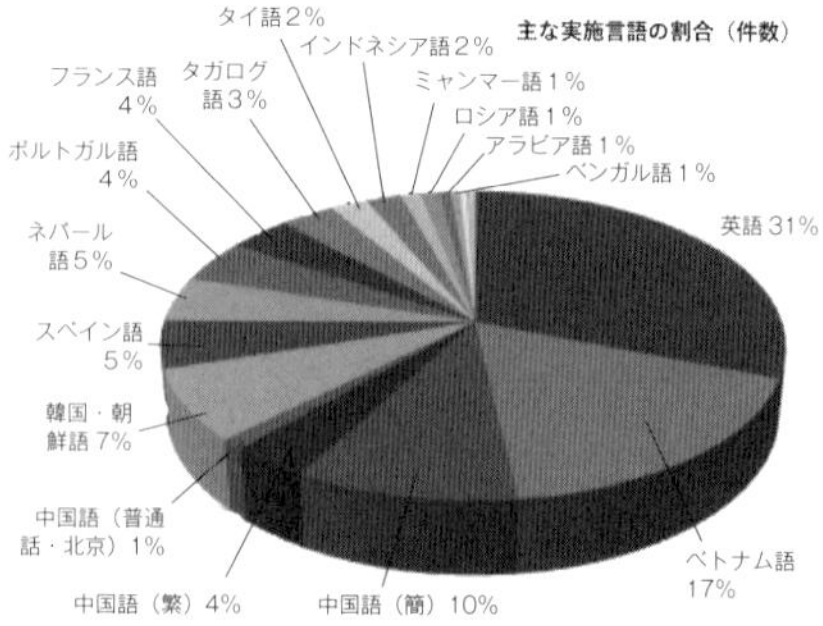
主な実施言語の割合（件数）
英語 31%
ベトナム語 17%
中国語（簡）10%
中国語（繁）4%
中国語（普通話・北京）1%
韓国・朝鮮語 7%
スペイン語 5%
ネパール語 5%
ポルトガル語 4%
フランス語 4%
タガログ語 3%
タイ語 2%
インドネシア語 2%
ミャンマー語 1%
ロシア語 1%
アラビア語 1%
ベンガル語 1%

＊日本語には「やさしい日本語」、日本語による講演、ヒアリング、言語以外の作業を含む。
＊2021年度「その他」に含まれる言語＝エストニア，タミル，ダリ，パシュトゥ，フィンランド，ペルシャ，ラオ

2022年度一般翻訳通訳・多文化企画事業報告（表）

る体制になる

②多様なルーツをもつ人たちの能力をより生かせる機会を創出し、活動してもらう登録者の年間人数を二倍にする（データベース等の改良を含む）

③外国人住民の地域社会への参画と日本人住民との相互理解を促進させるために、多文化企画事業を発展させ、事業規模を二倍にする

④外国人住民との対等な関係と機会を持てる社会を築くためのコミュニティのニーズの調査

⑤医療通訳を社会インフラシステムとして確立させることを目的とした、医療通訳システムの出口戦略の立案と実施

⑥多文化共生の社会づくりをリードしていくために、翻訳・通訳とレイアウト・ナレーション等の複合案件の受注件数を二倍にする

⑦多様なルーツをもつ人たちの能力を引き出していくために、コーディネーターの育成機会を増やす

⑧登録者との対等な関係を維持しながら、多くの活躍の機会を創出していくために、市場動向（適正価格等）のマーケティングを行う

⑨外国人住民がより依頼しやすい環境整備としてキャッシュレス決済を導入する

コラム⑬

「多言語センターFACIL」という団体名に込められた大切な役割――グーグルなんかに負けやしない！

日比野純一（FACIL正会員／FMわぃわぃ理事）

世界では数千に及ぶ言語が話されていると聞いたことがある。多言語センターFACILには、そのうちの七四言語に対応した翻訳・通訳者が登録している（FACIL事務局調べ）。おそらくFACILのネットワーク力を持ってすれば、仕事の要請次第で、その対応言語の数はもっともっと増えていくのだと思う。私もインドネシア語の一登録者として加えてもらっていることは、自分のなかの小さな喜びである。

FACILに関わる方々と同じように、私にも言語にまつわる思い出がいくつかある。

今から一五年ほど前、当時、多言語コミュニティラジオ局「FMわぃわぃ」の代表を務めていた私は、コミュニティラジオ発祥の地であるラテンアメリカを調査するために、メキシコシティから南東二〇〇キロにある山奥の村を妻の吉富志津代と一緒に訪ねたことがある。テオアカンという町でバスを降り、迎えに来てくれた車で四時間かけて二〇〇メートルの山を越えて辿り着いた村が、マサテコ語を話す先住民族マサテカ人が暮らす山間のマサトラン村である。その村にはラジオナンディアという名前のコミュニティラジオ局があり、放送言語の八割がマサテコ語で、二割がスペイン語であった。

「メキシコには五〇〇年前に二〇〇以上の言語があったが、今では生きた言葉として話されているのはわずか六二言語になってしまった。マサトラン村の学校でも、メキシコシティなど都会から教師が派遣され、授業はスペイン語だけで行われている。さらに教師は『マサテカ人は貧しい』と子どもたちに繰り返し、尊厳を奪う教育をしている。政府の先住民征服の道具として教育があり、コミュニティラジオはそれに対抗する道具である。我々はラジオで『民族の誇り』を伝えていく」

そのラジオ局のマネージャーが熱く語ってくれたこの言葉を聞いた時、私は日本で聞いた同じ言葉を思い出した。

「言葉は民族の誇り。言葉を奪われた者でないと、その痛みや苦しさはわからない。アイヌ語を生きた言葉としてなんとか蘇らせたい」

アイヌ初の国会議員で北海道の二風谷アイヌ資料館の初代館長であった故萱野茂さんが

語った言葉である。アイヌ語を母語として育った最も若い世代に属する萱野さんは今から三〇年以上前に、話す人が減り、消えつつあったアイヌ語を後世に残そうと、二風谷で道内初のアイヌ語教室を開いた。その後、教室は道内十数ヶ所に広がったが、若者に普及しないことから「アイヌ民族自身によるラジオ放送を実現したい」と切望し、二〇〇一年四月八日にアイヌ語と日本語によるミニラジオ局「FMピパウシ」（アイヌ語で「貝のたくさんある所」）を誕生させた。

翌年の二〇〇二年一一月の雪の日、村上桂太郎さん（現FACIL理事）とともにFMピパウシを訪問し、アイヌ語による「こんにちは」の挨拶「イランカラプテ」ではじまる番組に参加させてもらったことは、私にとって一生ものの大切な思い出である。

翻訳・通訳事業は、言葉の壁を越えて人と人とのコミュニケーションを可能にさせるとても大切な仕事である。しかし言語にはもう一つの役割がある。前述のメキシコの先住民族のラジオ局やアイヌ民族の萱野茂さんの語った言葉にあるように、言語が「思考や感情の基礎」となることは、現在はFACILのなかのプロジェクトとなっているワールドキッズコミュニティで大切にされてきたことでもある。「コミュニケーションのツール」だけを考えれば、例えば英語やスペイン語や日本語のような大きな言語に画一化することで、人と人の意思疎通は容易になるであろう。しかし「思考や感情の基礎」となる、もう一つの言語の役割を考えると、異なる文化や価値観が存在し、小さな言語が大きな言語と同等に大切にされる社会は、人を豊かにして、人間の思考を発達させるのではないだろうか。

多言語センターFACILという団体名には、そうした思いが込められていることを、次に続く人たちは決して忘れないでほしい。グーグルなんかにFACILは負けやしない！

コラム⑭ NPOの職員になるということ

吉富志津代

国際NGOではなく、日本国内にNPOという存在が生まれはじめた当初、社会ではそれは「無償のボランティア」という社会奉仕をする人たちというイメージだったように思う。しかし、それを自分の仕事として日常的に働く人は、それで生活をしていかなければならない。

FACILの最初の職員は、助成金で一年間の雇用という不安定な「腰かけ状態」だった。助成金の中から人件費という項目でたてられる予算も最低限の賃金であった。それから少しずつ、生活者として地域社会に暮らしている、日本語が母語ではない住民たちを対象とした多言語翻訳・通訳という業務が社会で必要とされていると認められるにつれて、そこに仕事としての対価がつきはじめ、FACILの活動がコミュニティビジネスとして人件費を捻出できるようになってくるまでには長い時間が必要だった。社会保険などの整備ができるようになったのは設立から八年後、グループ運営を開始してからだったと思う。そのころの行政の助成金には、常勤職員の人件費を予算項目として認めてくれることが少なかったので、その給与支払いのために代表者が借金をしたこともあった。まさに弱小事業所のようなやりくりをせざるをえない。

そのような状況で、趣旨に賛同してくれるスタッフを一人ずつ増やしてきたが、雇用条件をせめて平均的なものに引き上げるためには、日常的に細やかなくふうがたくさん必要だった。社会的課題の解決という趣旨に賛同して職員になってくれるメンバーたちは、それぞれ優秀な人材であったが、少数精鋭で事業を展開するためには、その能力を最大限に発揮してもらわなければならない。誰でも自分の得意なことと苦手なことがあり、それをお互いに補いながら効率よく、しかも仕事のプロセスで社会変革を意識していくということは、一人ひとりを信頼した上で、企業とは違った意味でのモチベーションを大事にしなければならない。現在、給与規程などについての文字化を進めているが、評価を文字にして書き出すということは大切ではあるけれど、実務には書ききれない一人ひとりの良いところをどのように評価するのか、ＦＡＣＩＬならではのくふうが求められている。このように、一人ひとりを活かすための現場の小さな判断とともに、毎年の収支状況を睨み、収益にこだわりすぎて本来の社会的課題解決という意図を忘れてはいないか、反対に社会的課題のみを見据えすぎて収益を度外視しすぎていないか、その二つの狭間での絶妙なバランスを常に考えなければならなかった。

グループ運営終了後、新たな就業規則は、山田和生さん（当時の副理事長）の協力を得て、スタッフ全員が納得できる内容で作り上げた。雇用する側とされる側という図式ではなく、スタッフ全員が雇用主でもあり雇用される側でもあるという意識づくりも必要だった。NPOという組織で働くということは、自分たちが頑張れば、社会変革のみならず、それが給料にもすぐに反映されるし、収益が減少すれば自分たちでそれを補うのだという責任感を持つオーナーシップが、一人ひとりに求められるのである。自分たちで作る就業規則は雇用主から示されるものではなく、自分たちが働きやすい環境を考えることであるとともに、納得の上でそれを遵守するという意識につながり、その結果は収益にも影響する。就業規則の作成は、一人ひとりの自覚のプロセスであり、作成には二年の時間を費やした。もちろんそれを運用していく上で自分たちが不具合だと感じた場合に、また協議をして改定するということにもした。

今では、ハローワークで職員募集を出すと、関心を持ってくれる多くの人たちが応募してくれるようになった。雇用条件が整ってきたために、NPOとしての趣旨や目的を強く意識せずに、職場として仕事の内容だけを見て応募してくる場合もあり、仕事に就いてからも、趣旨や目的をしつこいほど伝えることをし続けなければならない。その丁寧な意識の共有のためには、スタッフ全員が同時に机を並べて議論ができる場の設定が必要で、そのボリュームには限界があると感じており、今ぐらいの規模以上の人数では難しいのではないかと考えている。企業にも社会貢献やCSRという視点が広がり、経済活動自体のあり方が本来のあり方に変わっていこうとするプロセスにおいて、NPOで働くということの意義やこだわりを理解し共有していくことはまだ必要とされており、それをどのように継続していくのかについては、今後の課題として後継に委ねたい。

　このような基盤整備に二四年の時間を費やし、私の代表者としての役割を終える区切りとなった。

コラム15　言語の救援者

三上喜美男（神戸新聞論説顧問）

言葉は人と人を結びつけるが、誤解を招くこともある。話す言語が違えばなおさらだ。例えば日本語では虹は七色だが、欧米の言語では七色から四色。「虹のどの色が好きか」と語り合うにも言語間の違いを理解しておかないとうまく通じない。

国際問題では言葉の取り違えが深刻な事態を招きかねず、言葉の橋渡し役の責任は極めて重い。東京裁判では旧日本軍がモンゴル領に侵攻した「ノモンハン事件」も裁かれ、モンゴル軍兵士一人が証人として法廷に立ったが、日本のモンゴル語研究の権威は誰も通訳を引き受けなかったそうだ。仕方なく複数の通訳者が兵士の話すモンゴル語をロシア語、英語、日本語に順次翻訳する形を取った。

言語の数は三〇〇〇から五〇〇〇とされる。英語など一部の「国際語」を除き、日本語など大半の個別言語の話者は、地球上のあちらこちらで〝言語の壁〟に囲まれる恐れがあると思った方がいい。「助けて」と声を上げても伝わらない状況を想像してほしい。

私が大学で学んだモンゴル語に「風を得る」という表現がある。「風邪をひく」の意味で、「日本語とよく似た表現」として記憶にとどめた。ところが神戸で出会ったモンゴル人留学生に通じない。意味を説明すると、「そんな言い方はしない」と笑われた。どうも随分古い時代の慣用句のようである。知ったかぶりでいくら「風を得た」と訴えても、モンゴル人の多くは首をひねるだけだろう。

阪神・淡路大震災で南米系の子どもが家屋の下敷きになった事例が教訓として伝わる。母親が必死に助けを求めたが、誰も言葉が理解できない。西欧系の住民が何とか話を聞き取って事情を周囲に説明し、救出につなげた。地域で進む多文化、多言語化が細い糸をつなぐような言語リレーを可能にし、災害時の共助の力になった。

ＦＡＣＩＬが進めるのは、人を助ける言語リレーの仕組みを、非常時に限らず平時から広く整えておく取り組みだ。震災時の経験から「人類は助け合う生き物」と確信するが、言語の壁が時にさまたげになるのも事実である。困ったときの「言語の救援者」ほど頼もしい存在はない。

ウクライナ語とロシア語は同じスラブ語系の言語なのでよく似ている。神戸市外国語大学でロシア語を学ぶ学生たちがウクライナ避難民の話を聞き取る支援活動をしている。「言葉の救援」は言語の違いや国と国の争いを超えて「信頼」の虹をかけるだろう。

「分断と対立の時代」だからこそ、ＦＡＣＩＬの取り組みはいっそう大きな意味を持つ。

ビジネス化 苦戦

「無償」の意識厚く

国際交流促進事業

ボランティア団体 多文化共生センター

個人の善意に頼るボランティアから、継続的なコミュニティー・ビジネスへ—。震災時の外国人支援から始まった民間ボランティア団体「多文化共生センター」が、行政や医療情報の通訳・翻訳や、異文化理解セミナーに外国人講師を派遣する「Facil」(スペイン語で「易しい」の意)事業に乗り出した。しかし、依頼する側には「善意の国際交流は無償で」という意識が強く、手間に見合った報酬を得るのが難しい状況。事務局では「外国人の日常を支えるには、お金を介在させて体制を整える必要があるのを理解して」と訴えている。

(相川 康子)

多文化共生センターは、震災時に被災外国人向けに多言語での情報提供を行ったボランティア団体を母体として、一九九五年秋に発足。神戸のほか大阪、京都に事務所があり、約二千五百人の通訳・翻訳ボランティアがいる。相談事業の中から浮かび上がったニーズにこたえて、外国人向けの医療相談やパソコン教室、学校への通訳派遣といった提供サービスを増やし、台湾大地震の被災地にもメンバーを派遣している。

活動の安定と継続を図るため、サービスの一部を事業化することを計画。兵庫県から三百万円のコミュニティ・ビジネス離陸応援助成も得て、この六月から、英・スペイン・タガログ語など十二カ国語に対応する「翻訳・通訳」と「多文化ファシリテーター(促進者)養成・派遣」の二本立てでFacil事業を始めた。

翻訳については、博物館のパンフレットや行政の生活情報ガイドブックを受注したものの、翻訳者に報酬を支払うと、通信・印刷費に回せる事務局収入は平均月五万円程度で、事業のかなめとなるコーディネーターの人件費が工面できない状況。通訳も、困っている外国人からの依頼は、無償で対応せざるを得ないことが多いという。

コミュニティー・ビジネス化で活動の継続を図ろうとする「多文化共生センター」＝神戸市中央区

また、就業機会が少ない外国人の仕事づくりも兼ねたファシリテーター事業についても、無償か交通費程度の謝金しか用意されていない依頼が多い。事業の柱の一つだった学校への通訳派遣は、政府の緊急雇用対策費を使って県教育委員会が直轄で行うことになり、センターはアイデア提供にとどまった。

同センター・神戸代表の吉富志津代さんは「行政や企業にとって在日外国人向けの情報提供が『常識』となり、翻訳・通訳費用を予算に組み込んでもらうためにも、安請け合いはしたくない。しかし『予算が少ないからセンターに頼む。断られたらやらない』と言われると、損を承知で引き受けざるを得ない場合もある」と複雑な心境を話している。

神戸新聞（1999年12月15日）

社説

週のはじめに

コミュニティー・ビジネス

新しい「働き方」の可能性育てたい

「コミュニティー・ビジネス」が兵庫県内で動き始めた。行政や企業ではカバーできないニーズに、地域の人がこたえていく、新しい仕事の形である。市民活動の蓄積をもつ被災地は、先駆的な試みの場にふさわしい。

「ごみの出し方のルール一覧を、ポルトガル語に訳してほしい」

先ごろ、神戸市から「多文化共生センター・神戸」(吉富志津代代表)に、こんな注文が入った。

すぐに、センターに登録している日系ブラジル人に手配する。なかには翻訳が難しい単語がある。たとえば「粗ごみ」。直訳しても、意味は通じない。そんな時には、日本人メンバーが加わった。

結局、仕上げまでに三週間かかり、四万円ほどの収入になったという。

市民向けの「生活ガイドブック」のベトナム語訳(姫路市)、「ゲートボール競技規則」のスペイン語訳(日本ゲートボール連合)……。いま、他に注文を受けている仕事の一部である。

「昨年度、翻訳や通訳で延べ約三百六十人が収入を得ることができそうだ」

兵庫県の「被災地コミュニティ・ビジネス離陸応援事業」の公開審査会で、同センターは見通しを伝えた。そして、審査員から最も多い支持を得て、立ち上げ資金の助成が決まった。

また、一般にはなじみが薄いコミュニティー・ビジネスとは、何か。

福祉や環境、子育てなど地域の課題を、地域の人材や技術・知識をつかって、ビジネスとして解決していく。

地域のなかで新たな雇用が生まれ、お金が回っていく。地域に役立つ仕事を通じて、生きがいも生まれる―。

社会性と経済性を併せ持った、これまでにない働き方といえるだろう。

役割の見極めも

県の応援事業は、被災地で活動する団体に最高で三百万円を助成し、経営面のアドバイスもする。自治体の施策としては、前例のない試みである。

背景には震災四年半を経てなお、多くの困難を抱える被災地の実情がある。長引く景気の低迷も加わって、有効求人倍率は全国平均を下回る。復興公営住宅を中心にしたコミュニティーづくりも、対応が急がれる課題だ。

住む人が元気になって、地域が息を吹き返す。やがて、まち全体が活気を取り戻す。そうしたプロセスを経てこそ、復興は本物といえる。今回、被災者の自立やコミュニティー形成につながるコミュニティー・ビジネスの支援に、県が踏み込んだことは評価したい。

ただし、その効用とともに、いまの時点で果たせる役割を見極めることが必要ではないか。

コミュニティー・ビジネスは、性格からして事業規模は大きくない。被災地の雇用の受け皿になっても、その収入ですぐに生計が維持できるとは考えにくい。むしろ働くことを通した自己実現に重きを置く方が当面、妥当かもしれない。

それでも、コミュニティー・ビジネスで積んだ経験をもとに、次の仕事を開拓していくといった生き方は、十分に可能だろう。もちろん、事業が本格的なビジネスに成長するチャンスもある。

いずれにせよ、試行錯誤を続けながら流れを確かなものにする、息の長い姿勢を心がけたい。そのための社会的基盤づくりを進める必要がある。

資金調達の悩みを解消するには、どんな支援策がいいのか。公益性を維持しながら、ビジネスとして成り立たせる経営感覚を持った人材の養成も、これから図らなければならない。

経営ノウハウを提供したり、ネットワーク化など進める仲介機関の整備は、コミュニティー・ビジネスの成否を左右する課題であろう。

9団体への助成を決めた公開審査会＝神戸市内

被災地から発信を

コミュニティー・ビジネスは、一九八〇年代、英国で生まれた市民活動の手法である。しかし、「コミュニティー・ビジネスとは何か」について、いまなお論議が続いている、と現地で調査した神戸商大の加藤恵正教授はいう。

コミュニティー・ビジネスに定形があるわけではない。まだ歴史が浅い日本では、少しずつ実績を重ねることで、新しくコミュニティー・ビジネス像が形づくられるのだろう。大事なのは、いまの芽を育てていこうとする姿勢である。

単に、被災地に生きがい、雇用が生まれるからではない。地域に暮らす人が、自ら能力を生かして役割を担っていく。コミュニティー・ビジネスが想定するこうした社会は、これからの日本全体が目指すべき方向であろう。

それだけに、とりわけ行政には、従来の枠を超えるような育成のための取り組みを望みたい。力をつけた市民セクターとの連携は、今後、地域づくりには欠かせない要素であるからだ。

今回、事業に応募した団体は五十を超えた。高齢者を対象にした介護や給食サービス、リサイクル、手づくり品の販売など、内容も実に多彩である。

被災地がもつこの「厚み」を生かして、コミュニティー・ビジネスの可能性を切り開いていきたい。

神戸新聞（1999年8月1日）

ブラジル人子弟を支えよう

教育サポートセンター発足

あす　事務局は神戸に

全国の団体が連携

日本で働く日系ブラジル人の子どもをめぐる教育問題の解決に、全国各地の支援団体が連携してあたろうと、「日本・ブラジル教育サポートセンター」が二十六日、発足する。事務局は神戸市長田区海運町三の「ワールド・キッズ・コミュニティー」内に置く。

日本でもブラジルでも十分な教育を受けられないまま、さまざまなトラブルを抱える日系ブラジル人の子どもが増えている。日本の教育事情や受け入れ可能な学校などの情報が親に伝わらないこともその背景にある。

センターでは、ポルトガル語での相談受付や情報発信に取り組む。また、ブラジル人を支援している各地の団体や個人の横のつながりを強化し、情報や意見を交換する場も目指す。日本国内で仕事を求めて転居を重ねる家族も多く、支援者側の連携があれば対応しやすいという。さらに、ブラジル帰国後の学校の受け入れ状況などブラジルの情報も収集し提供する予定。

設立準備をする日系ブラジル人の松原マリナさんは娘三人を日本で育てた。「当事者が必要な情報を提供し、子どもに意欲が生まれる方向付けをしたい」と意気込む。

設立総会は二十六日午後一時、神戸市長田区海運町三の鷹取コミュニティセンターで開かれ、全国の十二団体の代表らが出席する。公立校の外国人生徒指導補助員や民間団体の支援者の参加も呼びかけている。

ポルトガル語でも対応できる教育電話相談も六月から毎週土曜午後一〜五時に受け付ける。☎078・736・3012

神戸新聞（2002年5月25日）

WEEKLY　カトリック新聞　2004年1月18日　第3747号

カトリック新聞
発行所　カトリック新聞社
©カトリック新聞社 2004

多言語情報に大臣賞

たかとりコミュニティーセンターが作成協力

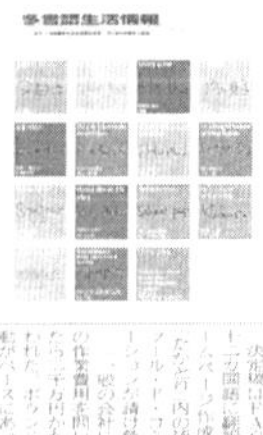

カトリック新聞
（2004年1月18日）

10カ国の料理試して

「食のサミット」

多言語センター 13日、中央区で開催

長田区

世界のさまざまな料理で彩るパーティーやイベントの"出前"サービスを始める長田区の民間非営利団体「多言語センターFACIL」が、試食会として「食のサミット」を十三日午前十一時半から午後三時、神戸ハーバーランドのスペースシアターで開く。十カ国の料理を用意するとともに、南米ペルーの誕生日パーティー「キンセネラ」を紹介する。

神戸在住の外国人が中心となって、母国料理はもちろんその国独自のパーティーを演出する。さまざまな民族の人々が住む神戸ならではの豊かさを実感してもらおうと、企画した。

「食のサミット」ではベトナムやインド、ブラジルなどの民族料理、デザートの屋台が登場。会場を白とピンクに飾って十五歳になった女子の誕生日を祝うキンセネラの実演もする。音楽や舞踊、外国人市民が阪神・淡路大震災でどんな経験をしたかを発表するステージもある。

入場無料。十種類の料理を選べる試食チケットを売り出している。前売り千円、当日千二百円。

調理や会場整理を手伝うボランティアも募っている。FACIL☎736・3010 (宮沢之祐)

神戸新聞(2005年11月18日)

嫁いだ地で 被災地の外国人 <下>

力を合わせて

FMで被災経験を同郷人に

「こちらは気仙沼のフィリピン人コミュニティーです」。ヘッドホンを耳に当て、タガログ語で書かれた原稿を手にマイクに向かう。

お見合い結婚で12年前に来日した宮城県気仙沼市の伊藤チャリトさん(38)宅の居間に6月25日、真新しい音響機器が運び込まれた。

スピーカーにミキサー、パソコン。集まった約10人のフィリピン人女性たちが、慣れない手つきで機器を扱う。フィリピン人によるフィリピン人のためのラジオ番組作りが動きだしていた。

地震と津波による恐怖や被災後の苦労などを1時間番組で発信する。母国のヒット曲も流す。司会の練習をしたチャリトさんは「全国のフィリピン人に被災経験を役立ててもらいたい」と意気込む。

番組は東北各地のFM局やインターネットのラジオ放送などを通じて配信を計画する。番組作りのノウハウや機材提供は、多言語で放送を続ける神戸市長田区のFM局「エフエムわいわい」や、翻訳や通訳を行う同市長田区のNPO法人「多言語センター ファシル」などが協力した。

同局の役員兼同センター理事長の吉富志津代さん(54)は、3月の震災後、被災地のラジオ局などに外国語で録音した行政情報のCDを託し、外国人が集う教会などでラジオを配ってきた。「阪神・淡路大震災の時、外国人が情報弱者になったのを目の当たりにしたからだ。「ラジオは人が集い、コミュニティーを形成するきっかけになる。傷ついた心のケアにもなるはずだから」と期待する。

母国語のラジオ番組作りに向け、司会の練習に励む伊藤チャリトさん(左)ら=宮城県気仙沼市

フィリピン人女性たちは、生活再建へも歩みだした。多くが仕事を失ったが、有志約15人が介護福祉士の資格習得を目指して勉強会を始めた。必要な漢字の勉強に励み、8月から岩手県一関市で講習を受ける。

チャリトさんもその一人。夫の孝雄さん(63)は3年ほど前に脳梗塞を患い働けない。「介護士はニーズもあり、フィリピン人の有資格者も珍しくない。家庭のためにも、わたしが頑張らないと」

予期せぬ大災害の中、彼女たちは助け合い、自らの手で将来を切り開こうとしている。嫁いだ異国の地で、力強く。

(金 旻革)

神戸新聞(2011年7月27日)

異国での就労、子育てを支援

中南米外国人向け託児所

NPOが来月開設 スタッフ2人常駐

長田区

長田区の非営利団体(NPO)「ワールドキッズコミュニティ」(吉富志津代代表)が十月から、メキシコやペルーなど中南米の外国人の乳児を対象にした託児所を開設する。日本語に自信がなく、就労と子育てを両立できない家庭を支援しようと企画。スペイン語の堪能なスタッフを常駐させ、「マイノリティー(少数者)の需要に応え、共生社会の実現の一助にしたい」としている。(柴田 崇)

託児所開設の準備をするスタッフ=長田区海運町3

託児所名は「ミ・クニータ・タカトリ」。スペイン語で「ゆりかご」という意味で、長田区海運町三のカトリックたかとり教会内に設ける。

同団体は一九九八年の発足以来、在日外国人の子育てを支援。文化や制度の違いの悩みを解消しようと、親子手帳の作製などをしてきた。

開設のきっかけは、東灘区にあった「多文化保育園」が経営難から二〇〇五年八月に閉園したこと。同保育園の利用者らから相談を受けた吉富代表が、異文化を受け入れる「共生社会」の理念を生き継ごうと企画した。事業は、県国際交流協会の助成を受けた。

中南米出身の外国人市民は、市内に約千人が住んでいる。言葉の問題で、入所手続きができなかったり、ベビーシッターに賃金の大半をかけたりするケースがあるという。

ミ・クニータでは、保育士の資格を持つペルー人や、スペイン語を話せる日本人らがスタッフとなり、二人が常駐する。半年間限定のモデル事業のため、対象は生後三カ月から二歳半までの乳児五人。開所日は平日午前八時半－午後五時半で、料金は月三万五千円。

入所者を募集中で、吉富代表は「地域との交流も進め、フィリピンやベトナム出身者の託児所開設につながる試金石にもしたい」と話している。問い合わせはワールドキッズコミュニティ(大城さん)☎736・3012

神戸新聞(2007年9月2日)

外国にルーツ持つ子どもたち

多文化共生の街撮影

長田区で暮らすベトナム人や日系ブラジル人の児童生徒が撮影した映像を紹介する「長田まちかどフィルムフェスティバル」が28日、同区腕塚町5の神戸映画資料館で開かれる。

長田区

（大月美佳）

震災追悼行事で使うために、竹を切る様子を撮影する生徒ら＝須磨区妙法寺（多言語センターＦＡＣＩＬ提供）

NPO法人「多言語センターＦＡＣＩＬ（ファシル）」が初めて主催。同法人は2009年10月から、外国にルーツがある小中高生と映像制作に取り組み、これまでに約20人が約40本を仕上げた。また11年4月からスタッフ2人が制作した商店や地域のイベントの映像を、ワンセグ対応の携帯電話に配信している。

フェスは第1部で、児童生徒がベトナム旧正月の行事や丸五市場のナイト屋台などを取材した映像を編集して紹介する。阪神・淡路大震災の犠牲者を悼む「1・17ＫＯＢＥに灯りをinながた」の舞台裏にも迫った。

きょう上映　ベトナムの行事紹介など

ベトナム旧正月を撮影した駒ケ林中2年ファムティアン・ノォックさん⒁は「ベトナム人のうるささは大阪のおばちゃんみたいで、（旧正月の）獅子舞は目がかわいい。（日本の）友だちの知らない文化を伝えたい」と話す。

第2部では、新長田駅周辺の20店舗や長田神社の追儺式に密着した映像を上映する。

今後、商店主を対象に映像制作の講習会を開く予定で、同法人の国本隆史さん㉛は「地域のきめ細やかな情報を地元の目線で発信したい」と意気込む。

フェスは無料。午後4～6時。同法人☎078・736・3040

神戸新聞（2012年1月28日）

おおさか支局
〒530-8251（住所不要）
毎日新聞社会部おおさか支局
TEL06・6346・8443
FAX06・6346・8444

メールはat-osaka@mainichi.co.jp
読者の皆さんの取り上げてほしいテーマなど、お寄せください。
【購読お申し込み】
フリーダイヤル0120-468012

大阪

地域面3ページ→

NPO多言語センターFACIL

〒653-0052　神戸市長田区海運町3－3－8 たかとりコミュニティセンター内 ☎078・736・3040　HP=http://www.tcc117.org/facil/

地球村に架ける橋

ノンフィクション作家　高賛侑《コウチャニュウ》

地域社会と橋渡しを

言語問題で外国人を支援

入院していた男性（日本人）が突然、危篤状態に陥った。医師は延命措置を取ろうとして夫人（中国人）を呼んだ。しかし、病状を説明することができず、男性は昏睡状態のまま息を引き取った。

在日外国人が213万人を超える今日、類似の出来事が続発している。病院に限らない。職場で、学校で、家庭で……言葉の壁のために生じる問題は無数にある。そんなとき通訳・翻訳の頼もしい助っ人となってくれるのがNPO多言語センターFACILである。

理事長の吉富志津代さんは京都外国語大学でスペイン語を専攻した。在神戸アルゼンチン領事館勤務の後、ボリビア領事館の秘書を務めていた90年、入管法の改正によって日系人の来日が急増すると、手続き方法などの問い合わせが殺到した。

その後、領事館を退職した直後の95年に阪神大震災が発生した。恐怖におののく外国人のため、外国人救援ネットの設立やコミュニティ放送局「FMわぃわぃ」の発足に参加した。

「被災した外国人は震災関連情報が得られないため、すごく不安な思いをしていました。『避難所』という言葉が分からない人や、食べ物をもらうのを遠慮する人もいましたね」

外国人支援を続ける中で、言語問題はボランティア活動の範疇ではなく、確たるシステムを構築すべきだと痛感し、99年にFACILを設立した。神戸を中心に、自治体や企業、NPOなどと協力しながら、通訳・翻訳の仕事を持続的なコミュニティービジネスとして展開する。

当然、活動範囲は多岐にわたる。役所の書類や学校のお知らせから企業の宣伝物、観光ガイドにいたるまで言葉に関わるありとあらゆる需要が存在する。

対応言語は28、登録通訳・翻訳者は570人にのぼる。多様な国の出身者が担当するため、依頼者が求める意図に合った仕事を行うことができる。例えば入学式という制度がないブラジルから来た人には、入学式とは何かから説明する。

韓国朝鮮民画「文字図・忠」＝絵・鄭孝欣（道雲）

多彩な仕事の中でも最も重要な一つが医療分野である。医師と患者の対話が成立しないため治療が困難になるケースは数知れない。とはいえ一般の通訳を利用すれば高額なギャラが必要になる。そのため、病院が外国人患者の治療を避けたがる傾向さえ見られる。

05年から兵庫県と協力し、県内五つの病院で医療通訳システムのモデル事業に取り組んだ。日本語の不自由な患者から依頼を受けると通訳を派遣する。通訳は患者の状況や日本の医療制度を念頭に置きながら、両者間の意思疎通を図る。経費はFACILが負担し、患者が支払うのは交通費分のみ。行政は病院とのつなぎ役を務める。

当初は消極的だった病院も医療通訳の重要性を認識するようになったが、助成金に限りがあるため、通訳派遣数は年間100件程度に留まる。しかし11年度からは神戸市の病院が費用の一部負担を開始した。

FACILは07年、多文化共生社会を目指すFMわぃわぃなど3団体と共に多文化キューブグループを形成した。また、吉富さんはひょうご県市民活動協議会共同代表、大阪大学特任准教授などに就任し、ますます活動の枠を広げる。

「外国人にとって、日本語を勉強する機会を整備するとともに、母語で意志を表現できる権利も大切です。全ての人のアイデンティティーを尊重しながら、外国人と日本人の双方向のコミュニケーションができる仕組みをつくっていきたい」

目指すは、地域社会と外国人をつなぐコーディネーターなのである。

多言語と多文化なまちづくりをテーマにしたFACIL企画のセミナー

毎日新聞（2012年3月3日）

地域再生大賞 神戸のNPO

「多言語センターFACIL《ファシル》」外国人の通訳支援

地域づくりに挑む団体を支援しようと神戸新聞など地方新聞46紙と共同通信が設けた「第9回地域再生大賞」の各賞が26日決まった。大賞（副賞100万円）は、通訳などの活動で外国人と地域をつなぐNPO「多言語センターFACIL（ファシル）」（神戸市長田区）に贈呈。準大賞（同30万円）は農村活性化に挑む「きらりよしじまネットワーク」（山形）と、離島で介護事業を行う「いけま福祉支援センター」（沖縄）に決まった。（30面に関連記事）

都市の企業と連携し耕作放棄地で農業を行う「えがおつなげて」（山梨）は、特設の選考委員長賞（副賞20万円）に決定。地元の魚で離乳食を開発した「ディーグリーン」（三重）と、長期欠席の子どもを支える「翼学園（旧えひめ心のつばさ）」（愛媛）は、いずれも特設の奨励賞（同20万円）に選ばれた。2月8日に都内で表彰式を行う。

地域再生大賞　人口減少など厳しい環境をはね返し地域活性化に挑む団体を、地方新聞と共同通信のネットワークで取り上げ、エールを送ろうと、2010年度に設けた。各紙が都道府県ごとに原則1団体、計50団体を推薦、専門家でつくる選考委員会が審査する。特産品づくりや高齢者支援など活動分野はさまざま。19年度の第10回で表彰団体は計500になる。

神戸新聞（2019年1月27日）

多文化共生 礎築く

「阪神・淡路」機に60言語翻訳

地域再生大賞に神戸のNPO

神戸新聞など地方新聞46紙と共同通信が選ぶ「地域再生大賞」に、神戸市のNPO「多言語センターFACIL（ファシル）」が決まった。自治体や医療機関、企業などと連携し、さまざまな情報を翻訳したり通訳を派遣したりして、日本在住の外国人への支援に取り組む。これまでボランティアが多かった、地域での翻訳や通訳の業務をコミュニティービジネスとして展開し、外国にルーツのある人たちに仕事や社会参加の場を提供する取り組みは、選考委員に高く評価された。（1面参照）

診察室の映像を介して遠隔で通訳する「多言語センターFACIL」のベトナム人スタッフ＝2018年10月、神戸市（画像の一部を加工しています）

第9回となる地域再生大賞で、兵庫県の団体が大賞を受賞するのは初めて。

24年前の阪神・淡路大震災で大きな被害に見舞われた神戸市長田区の「たかとりコミュニティセンター」に拠点を置く。出発点は、もちろん震災だ。日本語に不自由な外国人被災者向けに、FM放送などを通して多言語の避難情報を届けた。

ファシルに登録する通訳・翻訳者は約1200人で、約60の言語に対応する。防災マップのほか、就学通知など各地の行政情報を幅広く多言語化する取り組みにも、企画段階から携わる。20年の実績と当事者ならではの気配りで、情報の受け取り手に寄り添った提案ができるのが強みだ。

近年、ニーズが高まっているのが医療通訳だ。診察がスムーズに進み、患者側だけでなく病院側もメリットが大きい。ファシルでは地域の拠点病院と通訳派遣の協定を結び、連携を強める。

通訳を介して外国人の患者に説明するうちに、医師の言葉遣いが日本人の患者に対しても分かりやすい、理解しやすいものになっているという。「多言語の環境を整え、やさしい日本語で情報を伝えることは、お年寄りや子どもたちにも喜ばれる」と吉富志津代理事長。

「言葉の壁に配慮することは社会の寛容度を高め、成熟させる大きな種になる」とも。多文化共生は住民が暮らしやすい地域づくりにつながる。

主な受賞団体

▽**ブロック賞**　北海道・東北＝八戸市中心街市民集団まちぐみ（青森県八戸市）関東・甲信越＝那須まちづくり株式会社（栃木県那須町）東海・北陸＝志民連いちのみや（愛知県一宮市）近畿＝大野木長寿村まちづくり会（滋賀県米原市）中国・四国＝UNOICHI実行委員会（岡山県玉野市）九州・沖縄＝下郷村（大分県中津市）

▽**特別賞**　札幌大学ウレシパクラブ（札幌市）川西郷の駅（広島県三次市）

◇

インターネットのニュースサイト「47NEWS」に「地域再生大賞」のページを設けています。第9回の受賞団体を詳しく紹介しているほか、第8回までの受賞団体の活動内容も掲載しています。

神戸新聞（2019年1月27日）

正平調

神戸の被災地で、小学生の女の子が「水あります」という紙をもって玄関に立った。祖父宅に井戸があり、断水で困っているご近所さんに利用を呼びかけたと24年前の震災作文集にある◆知らないお兄さんに声をかけられた。「寒いやろ。これ使いな」。紙がはれるように、板とテープをくれたという。自分にできること、あるものを持ち寄って助け合う。その気づきこそ、のちに被災地で芽吹いたNPO文化の〝種〟であったに違いない◆開いた花のひとつだろう。神戸にあるNPO法人「多言語センターFACIL（ファシル）」が全国46の地方紙と共同通信でつくる「地域再生大賞」の大賞に選ばれた◆被災した外国人に救援・復旧の情報を多言語で伝えたことに始まり、いまは病院での通訳などを通して外国人が暮らしやすい社会づくりに取り組む。地域に根づかせた〝共生〟の心がさらに広がっていくといい◆あのつらい震災で学んだことがある。ちょうどおととい、兵庫県立大学教授の室崎益輝さんが本紙で述べていた。「人間が強くなること、人間が賢くなること、人間が優しくなること」。その大切さを学んだと◆寒さに身を震わせながら手を差し伸べあった私たちである。「強く、賢く、優しく」を忘れないでいたい。　2019・2・1

神戸新聞（2019年2月1日）

社説

2019.2.1

FACIL　多言語の支援を神戸から

地域づくりに挑戦する団体を表彰する「地域再生大賞」の大賞に、通訳、翻訳などで外国人を支援する神戸のNPO法人「多言語センターFACIL（ファシル）」が選ばれた。

神戸新聞などの地方紙と共同通信が毎年、大賞や準大賞などを選んでいる。兵庫県の団体の大賞受賞は初めてだ。

24年前の阪神・淡路大震災では、被災した外国人の支援活動が芽生えた。FACILは、ハングルやベトナム語などで情報を伝えた神戸市長田区のコミュニティーFM放送局「わいわい」などの活動を母体とする。

海外との人の行き来が活発になり、地域社会は多国籍化しつつある。言葉の壁を越える共生のモデルを神戸から広げたい。

「FACIL」とはスペイン語で「易しい」の意味だ。理事長の吉富志津代さんには日系ペルー人などの支援に奔走した経験があり、団体名となった。

神戸は外国の人と文化を受け入れて発展してきた。5万人近い外国人が居住し、国籍や地域は約150を数える。県内の在留外国人も10万人を超える。

生活でまず困るのは言葉の違いだ。公的機関の外国語表記は英語が一般的で、中国語やハングルも増えているが、全ての外国人が分かるわけではない。

24年前の震災では、子どもが家屋の下敷きになった南米系女性の訴えを周囲が理解できず、西欧人が何とか話を聞き取って救出した事例があった。

平常時も、病気やけがで受診した場合に症状を医師らにどう伝えればいいか。診断内容を理解するのも、母語によるサポートがなければ容易ではない。

FACILは本人のほか、医療機関や企業などからの要請で通訳や翻訳などを手掛ける。課題はアジア、アフリカなどの話者の少ない言語の支援者確保だ。留学生などに呼び掛けて約60言語、千人以上が登録するが、実際に動ける通訳者は300人ほどだという。

単なる通訳、翻訳にとどまらず、生活密着の「寄り添う支援」が目標だ。ボランティアではなく、有償の持続可能なコミュニティービジネスを展開する。地域社会もその経験と方法に学び、外国人との相互理解で「内なる国際化」を進めたい。

神戸新聞（2019年2月1日）

第2部

兵庫県の医療通訳システム構築モデル事業

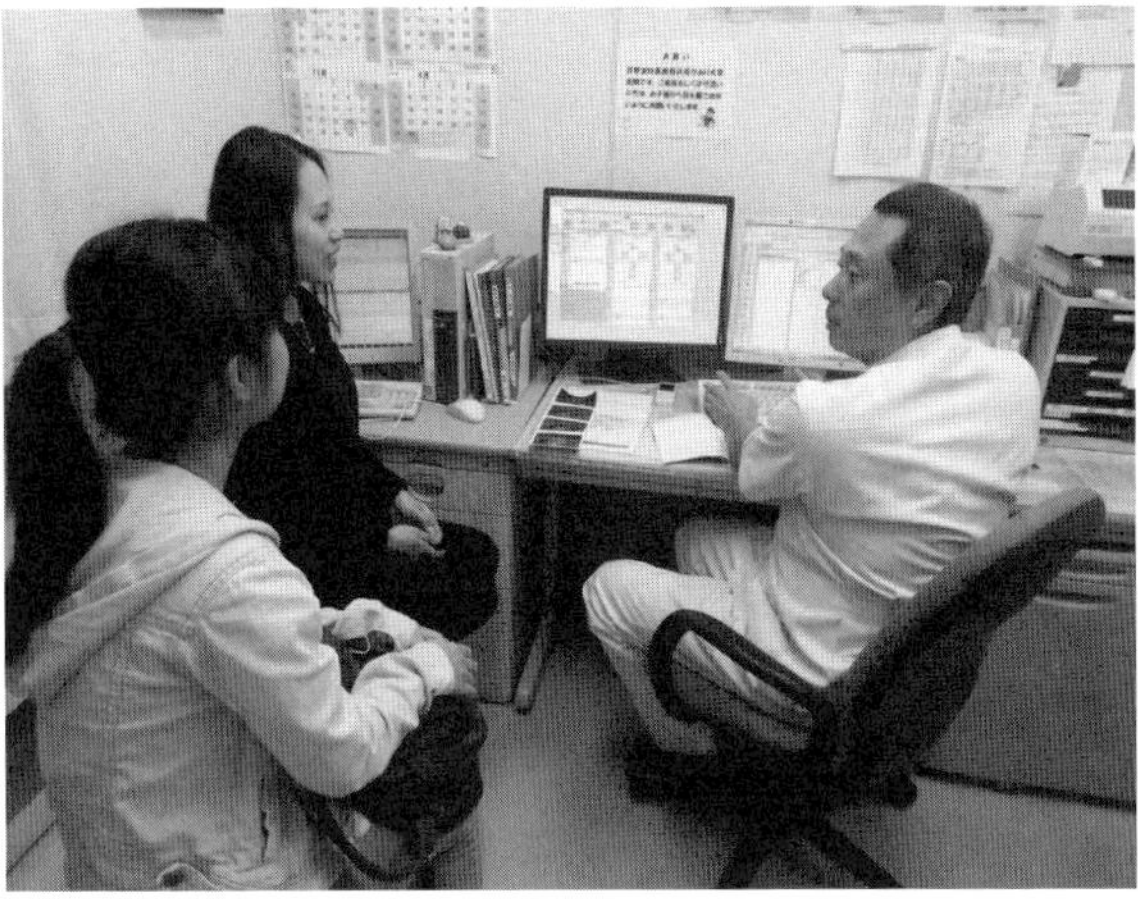

はじめに　コミュニティ通訳の必要性と医療通訳

コミュニティ通訳とは、日本に暮らす日本語の理解の不十分な住民が直面する言葉やコミュニケーションの壁をなくすための通訳である。おもに「生活上の対話」の場面で「必要な情報」を伝える役割とされ、具体的には、市町村などの役所、学校、医療機関、支援団体などで必要とされる。そして、その役割のほとんどを、草の根レベルの市民の善意に依存しているという現状がある。

内外人平等原則により、日本も外国人にも自国民と同じ待遇を与えることを国際的に約束している。国内法の改正はないが、国際人権規約（社会権規約またはA規約）にも一九七九年批准している。この規約の締約国は、第九条で社会保険その他の社会保障について、第一五条で文化的な生活に参加する権利について、すべての者の権利を認めるはずである。また、インドシナ難民の受入れが契機となって一九八一年批准した難民条約には、二二条（公の教育）、二三条（公的扶助）、二四条（労働法制及び社会保障）で、締約国は、合法的にその領域内に滞在する難民に対し、自国民に与える待遇と同一の待遇を与えると規定している。さらに、一九九五年に批准した人種差別撤廃条約には、第五条で「経済的、社会的及び文化的権利、特に公衆の健康、医療、社会保障及び社会的サービスについての権利」について、「あらゆる形態の人種差別を禁止し及び撤廃すること並びに人種、皮膚の色又は民族的若しくは種族的出身による差別なしに、すべての者が法律の前に平等であるという権利を保障する」ことを約束しているのである。これらに照らし合わせてみたときに、すべての住民を社会保障制度の対象とし、これらの権利・義務を果たすための入り口となる言葉の壁は、取り除かなければならないはずである。

特に、病気になった時に安心して治療を受ける権利は誰にもある。しかし、コミュニケーションがうまくとれない患者のうち外国人に対する対応は、まだ公的な制度もなく、医療通訳者の認定制度は少しずつ整備されてきてはいるものの言語によって格差もあり、専門職として認められるような仕事には位置づけられていない。コミュニティ通訳の中でも特に生死に関わることもある大切な医療通訳に焦点をあて、日本の現状と、兵庫県で活動を続けているFACILの医療通訳制度を目指すモデル事業としての医療通訳活動の課題や目的、またシステムにしていくための具体的な動きを紹介し、医療通訳に関する活動を振り返る。

一．医療通訳への日本社会の動き

外国出身で日本語の理解が不十分な住民にとって、医療分野における課題は、医療制度をめぐるものとコミュニケーションをめぐるものに大別される。外国人集住都市会議[5]では、二〇〇五年一一月に内閣府に提出した「規制改革要望書」の中で、外国人の社会保険への加入を促進するための具体的な要望を出しているが、国からは納得できる回答は提示されなかった。また、医療現場でのコミュニケーション不足によるトラブルは特に大きな不安となっている。日本語の理解の不十分な患者の医療サービスに不可欠な通訳者の手配は、インフォームド・コンセント（正しい情報を得た上での合意）

5 「外国人集住都市会議」https://www.shujutoshi.jp/（二〇二三年四月一四日）。

のサービスの一環として、また高齢者への付加サービスとしての院内ガイドや、快適に待ち時間を過ごすためのサービスなどと同じく、医療機関自体のサービス向上の一つとして今後は考えてほしいサービスであるが、残念ながらそういった位置づけにはなっていない。あくまで患者の自己責任として対症療法的な対応しかなく、今後の医療事故などを予防するためにもしくみ作りは急務である。

しかし、社会全体において医療通訳の必要性についての認識はかなり進み、医療通訳の認定制度のしくみづくりなどは専門分野の各種機関も参入し、「医療通訳を医療専門職として確立させる」ことを目標に活動をはじめている日本英語医療通訳協会（J．E．）などもある。関連の研修も、NPO・NGOの主催するものも、地方自治体や国際交流協会などが募集して行うボランティア通訳研修にも医療通訳をテーマとするものが増えている。二〇〇六年一月には「医療通訳を考える全国会議」[6]がNPOによって開催され、今後の方向を考える場となった。そして、二〇〇九年には、医療通訳士の技術の向上と適正な報酬および身分を保障するための制度整備を目指す医療通訳士協議会が設立されたことも一つの契機となった。さらに、二〇二〇年（実施は二〇二一年）の東京オリンピック・パラリンピックを見据えて、医療通訳認定制度は急速に整備され、いくつかの認証機関が医療通訳士の認定試験を実施している。しかし、認定を受けても、仕事としての受け皿はまだない。

日本語の理解が不十分な患者が多く受診する病院の中には、独自で通訳者を確保している場合もあり、大阪府のりんくう総合医療センターでも、二〇〇六年より国際外来をスタートさせ無料で多言語の医療通訳サービスをはじめている。このように日本語の理解が不十分な患者が多数受診をする病院では、対策を立てざるをえないし、またそれで何とか採算がとれているようである。ところが、日本には、特定の外国人集住地域のように一つの病院に、ある外国語に集中した医療通訳が頻繁に必要だという現状の方が少なく、多くの病院で言葉のわからない患者は圧倒的に「ときどき」しか来ず、しかも決まった言語ではなく「多様な」言語を話す。そのような場合でも基本的に人間の生死に関わる通訳であり、誰もが当然必要と考えるであろう。しかし、では必要な時に医療通訳を誰が責任を持って担うのか、どのような機関がコーディネートをするのかといった具体的な話になると、なかなか先が見えず、外国語と日本語を理解する無償のボランティア頼みになってしまう現状がある。医療機関自体は、医療通訳者を手配するのは、日本語がじゅうぶんに理解できない患者の自己責任と考えていることが多い。そのうえ、専門の医療通訳者を介さないことは、診療時間を長引かせることになるため、医療通訳者がいないということを理由に、日本語の理解の不十分な患者にはなるべく来てほしくないという医療機関側の本音が見えることも多い。

しかし、すべての住民が安心して医療サービスを受けられる環境を目指すNPO・NGOの先駆的な取り組みもいくつかある。神奈川県では「外国籍県民かながわ会議」による医療通訳整備についての提言をもとに、医療関係者、ボランティア、自治体関係者などからなる「医療通訳制度検討委員会」を設置し、支援モデル事業を行った。二〇〇二年に、これまで関連の活動に関わってきた個人、団体、自治体関係者、医療関係者からなる「外国人医療と言葉の問題を考える会」を母体として「特定非営利活動法人多言語社会リソースかながわ（以下、MICかながわ）」が設立され、神奈川県の一〇〇〇万円の助成金でモデル事業が開始された。神奈川県は、医療通訳相談窓口を県民センターに

6 「医療通訳を考える全国会議」https://onl.bz/H7zh3T（二〇二三年四月一四日）。

置いて医療通訳者を派遣し、ＭＩＣかながわの推薦を受けたスタッフや長年医療通訳経験のあるボランティアがコーディネーターを務め、研修なども行う。自治体、ＮＰＯ、医療関係者が協定を結んで実現した神奈川県の協働の形は、開始から五年を経て助成金の期間が終了、協定病院も当初の六病院から一七病院にまで増え、二〇〇七年度の派遣件数も一〇言語で三〇〇〇件近くにのぼり、恒常的な活動として定着させている。コロナ禍の前の二〇一九年には、協定病院が七〇近くになり、約八〇〇〇件の依頼にまでなっている。

この先駆事例に続こうとする動きは少しずつ増え、二〇一七年の一般社団法人全国医療通訳者協会による調査では、約四〇の民間組織が医療通訳の派遣活動に従事している。しかし医療通訳者は、制度が適用されているといっても時間給に換算すれば六〇〇～一〇〇〇円程度の通訳料で活動しており、司法通訳者が平均して時間給一万～一万五〇〇〇円という金額が補償されているのに比べて、専門職として認められるべき医療通訳者の派遣が、国の社会保障制度の中に組み込まれていないため、その待遇の差は歴然としている。

二．兵庫県の医療通訳関連事業開始の背景

兵庫県は外国人登録者が約一一万人で、全体の二パーセントであるが、日本国籍を取得している外国にルーツを持つ住民や、日本語を第一言語とする住民も多いため、医療通訳を必要とする住民の数は確定が難しい。ただし、医療通訳が必要な患者の出身が多様で、一部の地域でベトナム語が集中

していることを除けば、その言語は多岐にわたる。

このような状況で、二〇〇二年に発足した「医療通訳研究会（MEDINT／代表・村松紀子さん）[7]」は、医療の現場で良質の通訳を利用できるための社会システム作りを目指して研修などを続けている。また「NGO神戸外国人救援ネット[8]」も、助成金などを得て、年度によっては同行通訳事業などを行うこともある。神戸市は二〇〇二年に、「多文化共生センター・ひょうご[9]」の協力で神戸市立医療センター中央市民病院に医療通訳用の三者通話電話システムを設置したが、ほとんど活用されなかった。言語によって無償の通訳ボランティアが手配できることもあるという程度の病院はあるが、専門の医療通訳サービスをとりいれている医療機関は、その当時なかった。

そのため、その現状を知るため、調査を兵庫県国際政策課（当時）との協働という形で、ひょうごボランタリープラザの助成金を得て、日本全国およびオランダの医療通訳に関する調査に着手した。

三．助成金事業として独自で活動展開——二〇〇三〜二〇一〇年

医療通訳に関連した活動は各地ではじまっているものの、兵庫県にはそれ以上の動きは見られず、従来の翻訳・通訳業務を仕事としている営利機関以外で、実際に医療通訳者派遣のためのコーディ

7 「医療通訳研究会」http://medint.jp/（二〇一三年四月一四日）。
8 「NGO神戸外国人救援ネット」https://gqnet.jp/（二〇一三年四月一四日）。
9 「多文化共生センター・ひょうご」http://www.tabunka.jp/hyogo/（二〇一三年四月一四日）。

ネートを担う機関がなかったため、日常的に翻訳・通訳コーディネート業務を行っているＦＡＣＩＬがこの役割を担わざるをえないと考え、二〇〇五年よりモデル事業に着手した。当時、医療通訳研究会の村松さんに相談をしたところ、「ＦＡＣＩＬがその役割を担ってほしい」と言われたことを思い出す。医療通訳の公的なサービスがない現状では依頼者が通訳料を払って通訳者を手配するしかないが、通訳料の相場が一回につき一万～二万円もするため患者は全額自己負担が難しく、ＦＡＣＩＬにも以前から相談が持ち込まれていた。

ＦＡＣＩＬでは、二〇〇三年度に兵庫県国際政策課（当時）の協力を得て、兵庫県内の医療機関に対する医療通訳への関心についてのアンケートをとった。その結果、五〇〇〇近い医療機関の中で医療通訳に関心があると答えた医療機関は、わずか二パーセントにすぎなかった。しかも関心があると答えた医療機関のうち、ほとんどが「無料であるなら医療通訳を利用したい」と答え、自らの機関で医療通訳に関する経費を計上することは、そもそも考えていなかった。

この結果をふまえて、専門の医療通訳という分野を可視化させることからはじめるべく具体的な計画を立て、医療通訳者の募集、研修、医療通訳派遣に必要な多言語の各種書類の準備、協定病院へのよびかけなどを行い、二〇〇五年一〇月から実際のモデル事業を開始した。モデル事業を開始するにあたり、協力病院には神戸市、兵庫県の職員とともに説明に出向くが、開口一番に出される病院側の懸念は、通訳者を介した場合の医療過誤やトラブルであった。しかし、日本語の理解が不十分な患者の受診に対応するにあたり、医療通訳者を介さないことで医療過誤やトラブルが起こるのだという当たり前の現実には触れない。また協定病院になることで、外国人の患者の来院が増えることを懸念する病院さえあった。

このモデル事業は、それから五年間にわたり毎年さまざまな機関からの助成金を頼みの綱として継続をしてきたが、助成機関からは、そもそも公的なサービスとして位置づけるためのモデル事業に、これ以上の補助をすることへの懸念を示されるようになり、結局ＦＡＣＩＬの自己資金や患者自身の負担での継続が難しくなってきた。

四．医療機関側の経費負担へ――二〇一一～二〇一六年

この事態を打開すべく、これまでの医療通訳派遣を中心にした活動から、医療機関や医療従事者をはじめ地域社会に医療通訳の必要性・重要性を訴える活動へ重心を移した。二〇〇九年には全国で先駆的に医療通訳を実施している関連機関へのヒアリングを行い、医療通訳報告書を作成し、医療関係者対象の外国人患者接遇セミナーを開催した。さらに、多忙な医療従事者にも手にとりやすく簡単に読めるように、『ことばがわからない患者とのコミュニケーションを考えるハンドブック〈あなたの病院に「外国人」の患者さんが来ました〉』を制作した。そして翌年、兵庫県や神戸市の担当者にも声をかけ、兵庫県医師会、兵庫県看護師協会、ソーシャルワーカー協会に、医療通訳についてのアドボカシーのため、このハンドブック普及の協力を依頼した。しかし当時は、兵庫県医師会はメディカルツーリズム[10]に反対の立場であり医療通訳に対して否定的であったので、残念ながら配布協力を得るには至らなかった。ＦＡＣＩＬが取り組む医療通訳システム構築モデル事業は地域に住む外国人住

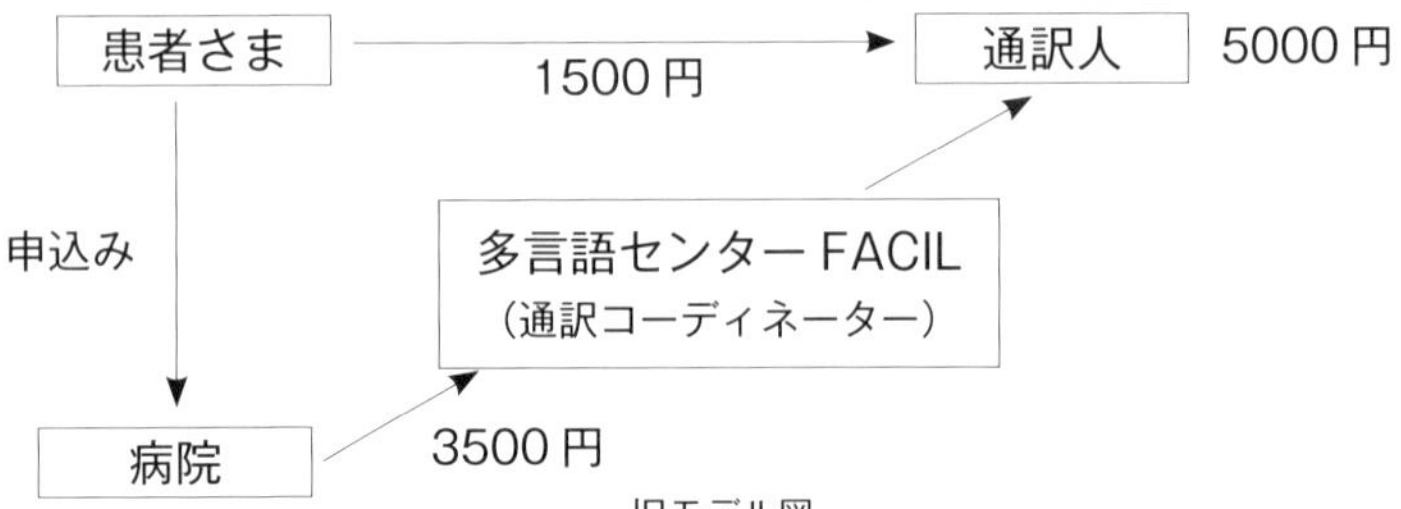
患者さま
1500円
通訳人
5000円
申込み
多言語センターFACIL
（通訳コーディネーター）
病院
3500円

旧モデル図

民と地域にある病院が利用するサービスであり、よりよい地域社会、地域医療を目指すものだと説明し、地域社会に必要なものである点については一定の理解を得られた。

このように病院や医療関係者、行政関係者に医療通訳について説明しつづけるなかで、もっとわかりやすい動画ツールの必要性を感じ、二〇一一年度に医療通訳動画『病院に通訳がいたらいいのにな～神戸のベトナム人中学生編～』を制作した。この動画では、外国ルーツを持つ子どもが、家族が病気のときに言語的サポートをせざるをえず、子どもがまわりの人にそのことを相談できない状況を示し、医療通訳が単に患者の自己責任、もしくは患者と病院のあいだのコミュニケーションという単純な問題ではなく社会のさまざまな問題を包括しており、特に弱い立場にある人びとや子どもにしわ寄せがいく構造も描いた。

日本社会で働いて税金を払い、医療保険に加入し、地域で暮らしている住民が医療サービスを平等に受けられない実態に加えて、医療通訳が、家族、子ども、学校、病院、福祉、行政など包括的社会問題の解決につながることを、さまざまなツールを駆使して多くの人びとに訴える活動を続けた。こうして病院や行政がその重要性を認知するようになり、二〇一一年度に大きな転期を迎えた。

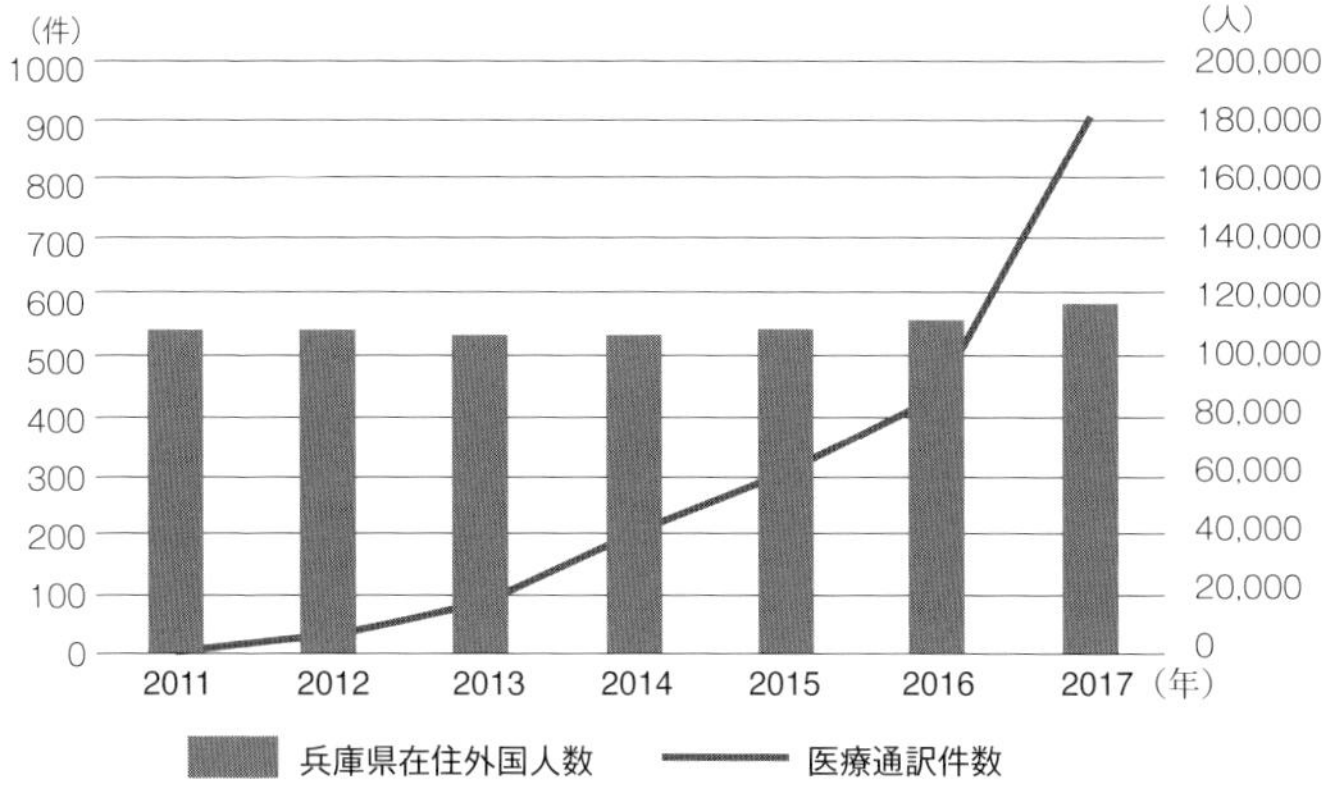

モデル事業の医療通訳件数の推移（2011 ～ 2017 年度）

神戸市との協働により、神戸市民病院機構傘下の神戸市立医療センター中央市民病院、神戸市立医療センター西市民病院、西神戸医療センターが協定病院となり、病院が通訳料の一部を負担するモデル事業を実施することになったのである。これにより、これまで市民団体が費用負担をする自主活動から、医療機関も活動主体となる形のモデル事業へと移行した。

また、協定病院以外における同条件での医療通訳の利用、生活困難者の患者負担分の支払い免除、必要文書の翻訳などの課題に対応するため、神戸市からの紹介により、二〇一二年度から神戸万国医療財団（ＫＩＭＦ）の寄付を受けてそれに充てた。当初は三年限りの予定であったが、必要性が認められ現在まで継続されている。

実施件数は、はじめこそ少なかったものの、協定病院医事課による患者への声がけと口コミにより年々倍増した。在留外国人患者の声なき声と医療現場のニーズが顕在化し、

10　自国より医療水準の高い国へ行き、治療や検診などを受けることで、医療観光とも言われる。外国から日本に一時的に外国人を受け入れる。

当初は継続に懐疑的だった医療機関の認識が少しずつ変わっていった。

件数の増加に比例して事務局経費やコーディネート費の負担が大きくなり、このままでは継続が困難であると話し合いを重ね、二〇一四年度から医療通訳の派遣に伴う事務局経費の一部に充てるべく、協定病院に前年度実績に応じたシステム参加費の導入の合意に至った。

二〇一五年度には兵庫県立こども病院、兵庫県立塚口病院（当時。同年七月に兵庫県立尼崎病院と統合移転して兵庫県立尼崎総合医療センターとなった）、神戸大学医学部附属病院、さらに二〇一七年度には神戸市立神戸アイセンター病院、兵庫県立西宮病院、関西ろうさい病院、北播磨総合医療センターも協定病院となり、合計一〇病院となった。

このように件数、協定病院も順調に増え、システム参加費が導入されたものの、まかなえるのは経費の一部であり、コーディネート費を含む経費をＦＡＣＩＬが負担し続けるのは容易ではなかった。件数が増えれば増えるほどマイナスを抱えることになり、コミュニティビジネスとして展開している翻訳・通訳事業の収益で支えるにも限界があった。医療通訳派遣にかかる経費を捻出するために、二〇一三年度から二〇一六年度までは兵庫県国際交流課から重点分野雇用創出事業や緊急雇用就業機会創出事業などを受託し、医療通訳派遣以外の事業を並行して行った。

コラム16

医療通訳コーディネーターあれこれ

山口まどか

医療通訳のコーディネートをしていると日々いろいろなことが起こる。ふだんコーディネーターが医療現場に赴くことはないため、現場の様子はおもに通訳者からの報告と、病院事務（医事課など）スタッフからの連絡で知ることになる。もちろん大半は、通訳のおかげでコミュニケーションがうまくとれて治療が順調に進んだ、ご家族の同意を得ることができた、無事出産を終えられたといった、喜ばしいケースである。とはいえ、喜ばしいケースは「特に問題なし」と報告されるため、コーディネーターがその様子を実感することはあまりない。それより、「問題あり」のときが我々コーディネーターの出番である。通訳者からの電話報告で、「あのー実はね……」「今お時間いいですか……」「長くなるのでとでメールしてもいいですか……」と切り出されると、何かあったなと身構える。

通訳者から寄せられる相談はさまざまだ。例えば、「入院中の患者さんに着替えを持ってきてと頼まれて、家も近かったので持って行ったけどダメでしたかね」「病院スタッフが冷たいので言い合いになった、もっと思いやりを持ってほしい」「患者の夫は通訳者に来てほしくないようです、妻が医者から情報を得て自分で判断できるようになるのが気に入らないと……」「飛行機の時間が迫っているのでかわりに会計しておいてと言われ患者さんから数万円預かってしまった、お釣りがかなり手元に残っています」などなど、通訳者といっしょに頭をひねったり、電話の前でひとり頭を抱えたりしながらも、こういった相談は現場の様子や通訳者の考えを知ることのできる大切な機会になっている。

また、通訳者から「もう我慢できない！」と言って、困りごとを打ち明けられることもある。例えば、毎回患者に「日本語を勉強しなさい」と言う医師、患者に対して侮辱的な発言をしてから「いまのは通訳しなくていいよ」と言う医師。不用意な発言や悪口は訳さなくても雰囲気で伝わるもので、通訳者は気まずさと不快な思いに耐えながら業務を続ける。

また、通訳者の仕事が誤解されているという困りごとも多い。医師から治療に関する資料を渡され、患者さんにすべて説明しておいてと言われたり、通訳者は医療チームの一員だからいつでもあなたが専属で対応するべきだと言われたり。もちろん通訳者は医師の代理ではないし、病院が通訳者をきちんと雇用するようにならない限り、通訳者を病院スタッフと同じように扱うことはできない。しかしその場で議論するわけにもいかず、通訳者はモヤモヤしながら帰る。

その他、困りごとは患者とのやりとりによるものもある。患者から「本当は家族からの暴力でケガをしたのだけど、お医者さんには黙っておいて」と言われたり、「この保険証、友だちのを借りてるんだけど内緒ね」と言われたりすると、守秘義務のことも考えて通訳者は悩んでしまう。コーディネーターは、そんなさまざまな困りごとに対して、通訳者のフォローをしながら、病院側に改善を要求したり、必要に応じて専門家に助言を仰いだりする。何より、このような困りごとを通訳者がひとりで抱え込むことだけは避けなければならない。

妊婦さんからの「いつ陣痛がはじまるかわからないのに、そのとき通訳なしでどうすればいいの?」という訴えに困ってしまう通訳者は多い。個人の連絡先を教え、夜中の出産にタクシーで駆けつけた通訳者もいる。FACILの同行通訳は予約が前提で、夜中に駆けつけたり付き添ったりするのは通訳者の業務ではない。出産時に二四時間通訳に付き添ってほしいと望むあまり、出産まえに「私がどのくらい日本語ができないか証明するために、来週の妊婦健診は通訳なしで一人で来る」と脅迫めいたことを言いだした妊婦さんに、病院上層部が出てきて説得する事態になったこともあった。たしかに、ことばがわからないなかで出産する不安は想像に難くない。異国で出産したり治療を受けたりする人は、みなそのくらい必死なのだ。ちなみに、この困りごとはここ数年で改善されてきている。日本語のわからない妊婦のために、事前に「陣痛タクシー」に登録しておくといった病院側の情報提供や工夫が進み、またFACILの協定病院では、二〇二〇年から導入した遠隔通訳システムで二四時間通訳対応が可能となった。

通訳者と病院事務スタッフ両方から同時にコーディネーターに電話がかかってくることもある。本来ならもう通訳がはじまっているはずの時間に、そのような電話がかかってくると冷や汗ものだ。「通訳者が患者とたまたま知り合いで、なぜか気分を害した患者からものすごい剣幕で罵られている、通訳にならないです！」「中国語と言われて北京語の通訳が行ったが、いざ会ってみると『広東語』しか話せない人でした！」「通訳者から今回は母親だけの産後健診だと聞いていたが、実際には母子の健診だった。慌ててタクシーで赤ちゃんを取りに戻っています！」「患者が取り乱し医師に暴言を吐いて暴れだしたので、通訳者が外に連れだして落ち着かせています！」などなど。すぐにコーディネーターが対処すべき事案もあれば、謝罪や励ましに徹するしかない事案、そして、凛とした態度で通訳者を守らなければならない場面もある。

コーディネーターは通訳者と一体となって医療通訳に取り組む一方で、病院事務スタッフとも常に連絡を取っている。スムーズな通訳手配には病院との連携が欠かせないため、私たちは、通訳者はもちろん病院事務スタッフのことも勝手にチームメイトのように思っている。日本語のわからない患者が来院したとき、はじめに接するのは病院の受付や事務スタッフである。まず何語なのか、指差しでなんとか聞き出そうとする。国籍だけで言語はわからないため、民族的ルーツや第二言語を聞き出したり、また逆に、例えば「アラビア語」という言語がわかったとしても、国によって方言がかなり違うため、国や地域を詳しく聞いたりする必要がある。備考欄に細かく書かれた依頼書が届くたび、現場での苦労に思いをはせる。また、患者や通訳者が帰ったあとに、患者に伝え忘れたことがあるから連絡を取りたい、通訳者から患者に電話してくれないかと、医事課からのＳＯＳが入ることもある。しかし、医療通訳者の業務は病院内の通訳に限られるため、病院外で個人的に患者と連絡をとることはできず、申し訳なく思いながらもこれは断るしかない。そして、「わかりました、じゃあ私が電話をかけてみます。ことばは通じないかもしれないけれど、とにかくやってみます」と覚悟を決める医事課の担当者に、心の中でエールを送っている。

五．同行通訳から遠隔通訳へ──二〇一七年以降

兵庫県からの委託事業は前年度で最後となり、二〇一七年には経済的にひっ迫した。一方、医療通訳の依頼はますます増加し、この年には一〇〇〇件に迫る勢いになった。ＦＡＣＩＬ登録者の言語は英語と中国語で七割を超えるが、実際の医療通訳の依頼はベトナム語が約半数を占めるという需要と供給のアンバランスのため、ひっきりなしに通訳者を探し、調整し続けることもあった。本業の翻訳・通訳業務など他業務にも追われ、コーディネーターは疲弊していた。

まずはコーディネーターの負担軽減が大きな課題だった。そこで遠隔通訳の導入の検討をはじめた。そのころ、遠隔医療通訳に取り組む株式会社東和エンジニアリングと出会い、協力の申し出を受けた。ＦＡＣＩＬ事務所にベトナム語通訳者が常駐し、遠隔通訳システムをつなぎ、同社の東和通訳センターＭｅｄｉ‐Ｗａｙのベトナム語をＦＡＣＩＬが担当する（他の言語は東和通訳センターにつ

ながる）体制を構築した。これにより二四時間、三六五日の緊急対応も可能になった。

コラム17 ＦＡＣＩＬと東和エンジニアリングのコラボレーション

中牟田和彦（株式会社東和エンジニアリング東和通訳センター長）

多言語センターＦＡＣＩＬと東和エンジニアリングの接点は「医療通訳」からはじまりました。

一九九五年の阪神・淡路大震災をきっかけに、外国人被災者に向けた必要な情報を多言語の翻訳・通訳で伝えることからスタートしたＮＰＯであるという認識のもと、医療通訳を研究されていた連利博医師に双方の橋渡し役となっていただき、東和エンジニアリングが取り組んでいたオンライン（遠隔）医療通訳で言葉の壁を取り払うという一つの協業事業という形となって今に至っています。

ＦＡＣＩＬでは、多言語の翻訳・通訳者が多く登録されており、医療の現場においては、日本語を母語としない人たちに安心して日本での医療を受けることができるようにと通訳者が医療機関に同行をして、コミュニケーションのお手伝いをされています。その陰で支えているのがコーディネーターの人たちです。特に神戸エリアは外国人の在留者が多く、医療を必要とする人たちも必然的に増加の一途をたどってきました。多くの通訳者を医療機関、外国人患者が希望する日時に手配をするコーディネートの業務は多忙を極め、すべてに応えることが難しくなってきた時に、当社との出会いがありました。

私の会社では二〇一五年から、本業であるＩＴ技術を使ったコミュニケーションツールのシステム構築ノウハウをもとに、そして、今後増え続ける外国人への医療通訳サポートへすべて通訳者を同行させることは近い将来限界が来るという、前述の連医師のアドバイスもあり、同行通訳だけではなく、テレビ電話のようなツールで場所を限定せず、通訳者の移動時間やそれに関わる費用を削減できることを広めていくことに力を入れる考え方が双方で合致しました。それは、疲弊するコーディネーターの負荷軽減にもつながるという点も大きかったと思います。

ＦＡＣＩＬでは、もともと神戸市を中心とした医療機関に対して、行政や考え方に共感をしていただける財団等との接点を活かし、助成を得ながら、かつ医療機関と外国人患者が、どちらかだけが大きな負担を強いるということのないような連携した「協定病院」というスキームづくりを粘り強く、長い時間をかけて取り組んで来られました。

同行通訳から原則はオンライン（ビデオや電話）通訳にシフトしていくべきとの方向性も明確に出され、医療機関担当者、行政と協議の場を何度も設け、外国人患者にも一部の負担をお願いしながら、決して病院だけが損をするということではないということが理解されはじめ、この仕組みが確立されました。

ＦＡＣＩＬがこれまで培ってきた、困っている外国人をどうサポートできるかというノウハウと当社が持つ技術ノウハウが良い形でモデルとして出来上がったものと思っています。具体的にはFACILのベトナム語医療通訳者が当社通訳センターの強力な仲間としてオフィスは別々であっても同一システム環境下でオンライン医療通訳業務に関わっています。

ＮＰＯや企業であったとしても、目的と志、手法、そして人としての強い信頼関係があれば、決して目指すことは不可能ではないと強く感じました。

私たちには少なからず生活費が必要になります。それは、吉富志津代氏がよく口にされている地域貢献を通して人びとが生活をしていくという正にコミュニティビジネスであると思います。FACILはさまざまな支援を通じて日本語がわからない人が安心して暮らせる社会づくりを目指している先駆者であると思います。スタッフも活き活きと働かれています。兵庫県内

オンライン医療通訳の様子

を地域拠点としていても考え方はグローバルです。さまざまな国や地域の人たちがここに集い、学んでいます。私自身も多くを学ばせていただいています。通訳の世界では、言葉のコミュニケーションだけではなく、文化や物事の考え方を踏まえたスキルが求められます。医療においても、日本での治療方法が当たり前であっても、外国の人にとっては当たり前ではないことはたくさんあります。私の経験で、この国の人たちはこんな考え方を持つ人が多いとか、こういう伝え方をすると受け入れがたいと考えられてしまうなどお話を聞きながら、確かにうなずける！　ということもしばしばありました。

前述の協定病院を増やしていく活動の中でＦＡＣＩＬの方と同行させてもらうことが多々あります。同行通訳、オンライン通訳のメリット、デメリットなどもしっかりと協力して説明させてもらいます。セミナーや研修会でもご一緒するケースも多々あります。私の会社には「熱意・誠意・創意　人につくし人に学び人とともに繁栄する」という社是があります。今、担当させていただいている医療通訳という仕事は、社会貢献の一面もあり、社是そのものを表していると思っています。どうしたら社会に貢献できるのか？　それは「人」でありそれを支えることができるさまざまな「システムでありノウハウ」の融合だと考えます。そのような熱意をもって活動されるＦＡＣＩＬの皆さんに共感し、これからもＦＡＣＩＬと東和エンジニアリングは強い絆のコラボレーションを持続できるものと私は心から確信しています。

コラム18

インタビュー「外国ルーツの子どもから医療通訳者へ」

神山満月（Nguyen Thi Hong Sa）

聞き取り　山口まどか

私は一三歳のとき、はじめて日本にきました。それはボート・ピープルとして来日した姉の離散家族の呼び寄せでした。来日当時、日本語はまったくわからず、国際救援センターで六ヶ月間研修を受けました。はじめの四ヶ月は毎日六時間日本語の勉強、あとの二ヶ月は東京都品川区にある中学校に通いました。その後、姉のいる滋賀県彦根市の中学校の二年生に転入しましたが、まだ日本語はひらがなや基本単語しかわからず、とても苦労しました。とはいえ、私は家族の末っ子で、唯一学校に通える年齢だったのは幸いでした。他の家族は日本語がわからないまま働くしかなかったので、家族のなかで学校に通う私だけが日本語を話せるようになりました。家族の言語サポートは自然と私の役割になり、市役所や入管、病院での通訳を一手に担いました。そういえば先日、私がベトナム語のサポーターに入っている学校の生徒が、スピーチコンテストで賞をもらいました。私と同じように病院で親に付き添って通訳した経験をスピーチしたのです。そのとき、一人の先生が、子どもが学校を休んで家族の通訳をするのは教育上の大きな問題なので、このスピーチを手放しに称賛してはいけないと言いました。これまでずっと、子どもが病院で通訳をしている状況に対して社会も行政も病院も無関心だったので、このような発言が出たのは少し意外でした。とはいえ、今も病院に医療通訳がないことで起こるいろいろな問題が社会にしっかり認識されているわけではないと思います。大人になった今でも、両親の病院に加え、兄弟姉妹の行政手続きや、その後生まれた甥っ子や姪っ子の学校行事など、言語面でサポートしなければいけない家族のあれこれは多く、まだまだ社会には「ことばの壁」がたくさんあると感じています。

私とFACILとの出会いは二〇一七年一二月、高校卒業後に、就職した工場を辞め、ハローワークの職業訓練校（職業訓練のアップ）のPC／簿記・会計基礎コースに通っていたときです。校長先生がFACILをインターン先として紹介してくれたことがきっかけでした。ベトナムと日本をつなぐような仕事がしたいという私の漠然とした希望にあわせて、先生が考えてくれたのだと思います。このとき私はプロの通訳者を目指していたわけではなく、インターンとして事務作業のお手伝いをすると思っていたのですが、FACILではちょうど医療通訳の遠隔対応開始にむけて、事務所に常駐のベトナム語通訳者を必要としていました。そういうわけで、私は一ヶ月のインターン中に医療通訳の基礎や遠隔通訳システムのことをいろいろと教えられました。私は家族の通訳はしたことがあっても、プロの通訳者としての経験はないし、人前で話すのも苦手です。ただ、どうやらFACILはこれまで外国ルーツの子どもが努力を重ねて飛躍する例を多く見てきたようで、私には伸びしろがあると判断されたらしいのです。私は、それまで自分が病院で家族の通訳をすることはあたりまえだと思って深く考えていませんでしたが、FACILでのインターンを通して、世の中にはこんなに言語で困っている人がたくさんいるんだということがわかり、それならぜひ自分ができることを活かして、医療通訳で多くの人の役に立ちたいと強く思うようになりました。そして、私の希望は叶い、インターン期間終了後に医療通訳者として採用されました。

FACILでは遠隔通訳だけではなく同行通訳も担当しました。はじめての同行通訳は忘れもしない一〇時間通訳！ 虫垂炎で救急搬送された患者さんで、神戸の中央市民病院からの緊急依頼で病院に駆けつけました。手術をしないと命に関わる状態のなか、通訳は精神的にも大変でしたが、患者さんやそのご家族から「あなたがいてくれて本当に助かった」と感謝され、この仕事にとてもやりがいを感じました。通訳技能も医学の知識ももっともっと必要です。やるからには精一杯がんばろうと思って、医療通訳の勉強に取り組みました。

でも実際、医療通訳の資格や認定にチャレンジするのはすごく難しかったです。日本の通訳関係の試験は日本語での読み書きが前提です。そして、母語での大学入学相当の語学力や、母語でない言語の語学資格が求められます。申請書類を書くときに、私はベトナム語と日本語のどちらを母語と書いたらよいのかわかりませんでした。なぜなら、母語を文字通りにとらえるとベトナム語ですが、ベトナムでの最終学歴は小学校、もしベトナム語が母語だと言ったら、母語での学歴と日本語の語学資格を求められるし、試験の長文筆記問題をベトナム語で解答しなければなりません。日本では高卒で、長文も日本語のほうが書けそうなので、日本語を母語にするほうがマシだと考え、日本語を母語と書きました。でも、どちらにしても、中学生で日本に来た自分にはとても厳しい条件だと思いました。事務所で私の横に座っている医療通訳コーディネーターにそのことを相談したところ、彼女は試験の実施団体に電話をかけて、「来日理由や来日時期によって、日本的な筆記試験で求められる学歴や読み書きレベルを得る機会に恵まれなかった通訳者は多い。通訳は読み書きではなく聞く話す能力。試験の点数では評価することのできない優秀な通訳者が、実際の医療通訳の現場で日々活躍しているということをどう考えるか」と担当者を問い詰めました。その後、先方からの回答は「日本語の読み書きや学歴や資格等の基準は必要だと考えるが、そこに固執せず個々に判断する」というもので、一応の理解は示してくれたようでした。幸運にもFACILに在籍し、相談したコーディネーターが行動してくれたおかげで、結果的に日々の通訳実績が認められたり、筆記試験を実技試験でカバーしたりすることによって、私はいくつかの資格や認定をとることができました。

私にとって日本語は外で話す言語、ベトナム語は家族と話す言語という印象で、日本語とベトナム語のどちらが母語か、母語のほうが得意か、と聞かれても困りますが、日本語能力試験N1を取ればひとつ証明にはなるかなと思ってがんばって勉強して合格しました。ほかにも私と同じような境遇で、優秀な通訳者はたくさんいます。こういった資格や認定は、日本語以外の言語のネイティブ通訳者に対して、ひときわ厳しい条件を課すものだと感じています。

ベトナムで暮らした年数よりも日本で過ごした年数が長くなりました。自分のルーツであるベトナムの状況や、ベトナム人の来日事情、また、自分が日本で外国人として暮らすなかで経験した日本社会の制度や課題についてしっかりとアンテナを張りながら、そういった知識や経験を現場で活かして、医療通訳をもっとがんばっていきたいし、医療通訳以外にも通訳者としての活躍の場を広げたいです。

そして、私のような人、日本語と日本語以外の言葉ができる人みんなに伝えたいことがあります。世の中には言葉に困っている人がまだまだいます。言葉ができる人は、それぞれが自分の力を活かして協力してほしい。誰かが自分の助けを待っていると信じて、自分の能力に背を向けず、失敗を恐れず、いっしょにがんばっていきたいです。

神戸市で開催された、2022年の旧正月（テト）のイベントに参加（一番右が本人）

協定病院への説明を重ね、二〇一八年度から賛同を得られた五病院に遠隔通訳システムを導入した。しかし、システムを導入しただけではなかなか遠隔通訳の利用が増えなかった。そこで、中央市民病院、西市民病院、西神戸医療センター、神戸アイセンターをまとめる神戸市民病院機構の協力のもと、遠隔通訳の推進のため、同行通訳はどうしても必要な場合のみとし、基本的に遠隔通訳で対応するという新実施要領の策定に取り組んだ。粘り強く協定病院との協議を続け、二〇二〇年度から新実施要領への移行にこぎつけた。これにより遠隔通訳システムの導入が必須となったため、金額面の負担増や他社の遠隔通訳を契約済みといった理由で三病院がシステムを離脱、協定病院は七病院となった。しかし、この遠隔通訳をメインとする新実施要領への移行の取り組みにより、その後のコロナ禍においても途切れることのない通訳サービスの提供へとつながっていく。

　医療通訳システム構築へ向けて活動を続けていくためには、コーディネーターの負担軽減に加え、経済的ひっ迫を解決する必要があった。大きな社会的意義と将来性がありつつも人的にも経済的にも圧迫を招いている医療通訳の取り組みについて、

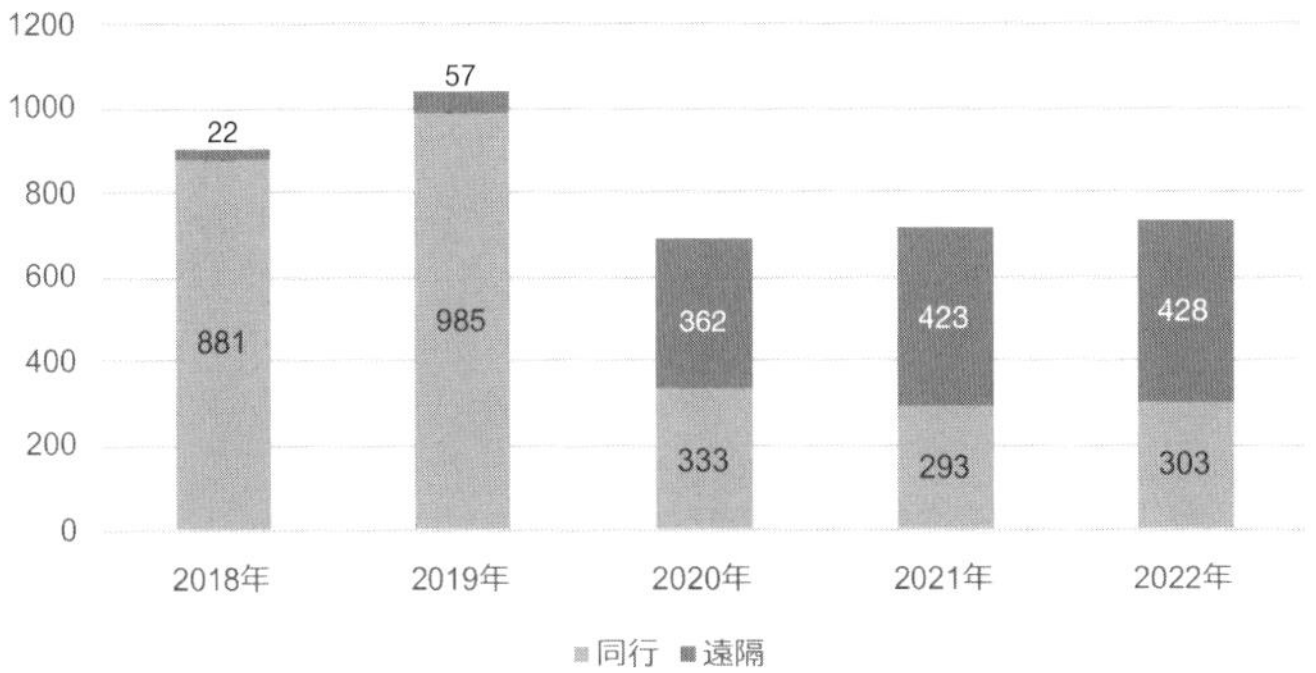

同行・遠隔医療通訳件数の推移（2018 ~ 2022 年度）

広く社会に取り組みを知ってもらうために、大阪ＮＰＯセンターから二〇一七年度ＣＳＯアワードへの応募をすすめられ、グランプリを獲得した。

また、兵庫県外国人県民共生会議のメンバーとして、たかとりコミュニティセンターの吉富の代理で李が出席した際、当時の井戸敏三兵庫県知事に医療通訳の窮状を直訴した。これに対する知事の答弁が神戸新聞で大きく取り上げられたことがきっかけとなり、兵庫県と神戸市が分担して兵庫県国際交流協会（ＨＩＡ）に出資し、医療通訳コーディネート業務に対して年三〇〇万円を助成する体制ができた。ただしこれは、二〇一八年度から三年間の期限付きだったため、現在は一年ごとの延長更新をするという状況である。

多様化する地域社会において、医療通訳は出自にかかわらずすべての人が安心・安全に生活する上で不可欠なものであり権利でもあるということ、医療機関、患者双方のニーズがあり公共的要素の高い事業でありながら一市民団体に存続がかかっている不安定な現状から、持続可能な体制づくりをすすめていくことが急務であるということが、ようやく兵庫県でも認められたのである。

これまでＦＡＣＩＬが社会貢献事業として位置づけ、自費で担ってきた医療通訳コーディネート業務に対し、行政による費用の一部負担がなされたことで、病院、患者、通訳者、企業、ＮＰＯ、行政がそれぞれ分担し協働する事業へ一歩前進した。

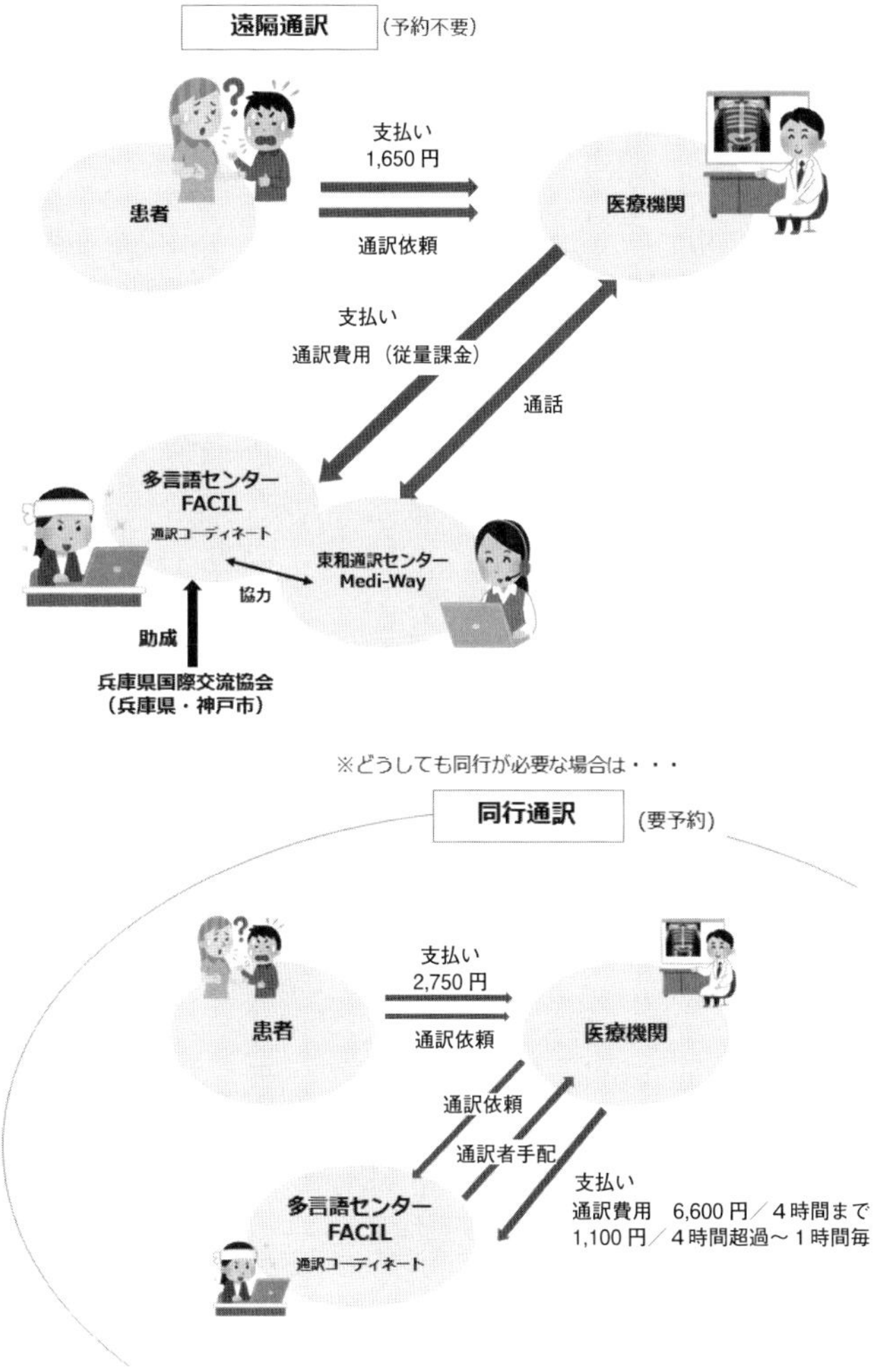
遠隔通訳
(予約不要)
支払い
1,650円
患者
医療機関
通訳依頼
支払い
通訳費用（従量課金）
通話
多言語センター
FACIL
通訳コーディネート
東和通訳センター
Medi-Way
協力
助成
兵庫県国際交流協会
（兵庫県・神戸市）
※どうしても同行が必要な場合は・・・
同行通訳
(要予約)
支払い
2,750円
患者
医療機関
通訳依頼
通訳依頼
通訳者手配
支払い
通訳費用　6,600円／４時間まで
1,100円／４時間超過～１時間毎
多言語センター
FACIL
通訳コーディネート

新モデル図

コラム⑲ 医療機関の積極的な関わりへ

東伸也〔神戸市民病院機構［当時］〕

外国人市民が安心して生活していくうえで、医療現場での言語の障壁を取り除くことは大変重要であり、特に日本語でのコミュニケーションが困難な外国人市民にとっては深刻な問題です。

私は市民病院機構の職員として二〇一七年から四年間、医療通訳事業に携わりましたので、当時の背景や遠隔医療通訳導入に至るまでの経緯を記したいと思います。

医療通訳ニーズ増加の背景

医療機関が積極的に関わる形の医療通訳は二〇一一年にスタートしました。開始当初は周知も行き届いておらず、年間で数件程度でしたが、私が赴任する二〇一七年には年間三〇〇件を超えはじめ、ニーズが急増している最中でした。

当時の社会的背景からも外国人労働者が増加の一途にあり、特にベトナム人在住者が急増していました。住民基本台帳のデータからも、二〇一三年には外国人在住者の三・七パーセントだった割合が、二〇一六年には八・六パーセント、二〇一九年には一四・六パーセントと急激に増加していることがわかります。

区別で見た場合には兵庫区と長田区の増加が著しく、同エリア内の中核病院である西市民病院ではベトナム語の通訳者が圧倒的に不足したのです。

同行通訳の限界

当時の医療通訳は、通訳者が患者に帯同する「同行通訳」しかありませんでした。

同行通訳は受付から診察、支払いまで通訳者が患者に付き添い対応してくれます。患者にとっては最も安心感もありますし、医療を提供する側からも意思疎通が図りやすく、最も手厚いサービスと言えます。

しかし、同行通訳には通訳者の

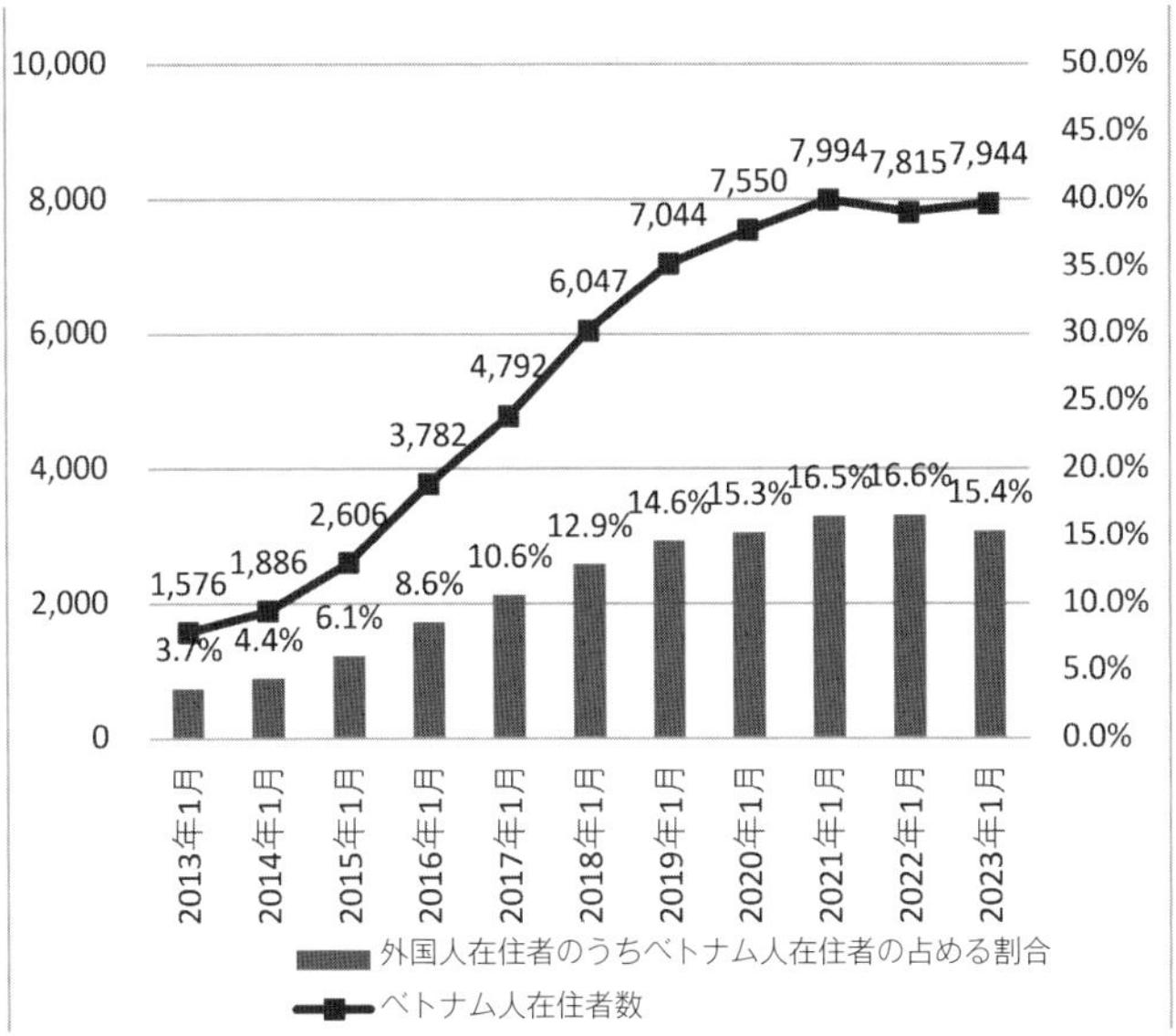

神戸市内のベトナム人在住者数推移

出典：神戸市 HP「人口・人口動態データ集」

時間を大きく拘束してしまうことや、通訳の調整役であるコーディネーターも非常に繁忙となってしまう課題がありました。

二〇一一年の開始時と比較して取扱い件数が三〇倍以上に増えているなか、コーディネート料金が医療通訳の料金に含まれていないことや通訳者の不足を考えると、同行通訳のままでは事業を続けることが難しい状況であることは容易に想像できます。

ＦＡＣＩＬ側から事業の継続が困難との相談を受け、病院側としても通訳者に頼らない取り組みを検討しました。

多言語対応の自動翻訳機器を導入するなど、通訳者に頼らない仕組みを取り入れましたが、会計などの日常会話であればまだしも、医師や看護師の説明を機械翻訳することは難しく、専門知識を有する通訳者でなければ十分に意思疎通ができません。医療分野における機械翻訳には限界がありました。

遠隔通訳の導入

患者との的確なコミュニケーションは、医療の現場にとっても欠かすことはできません。各病院と持続可能な運用の構築に向けた検討を行いました。また、医療通訳の継続や持続可能な運営方法について吉富先生や李さんと議論を繰り返しました。

しかし、同行通訳では通訳者数の不足やコーディネーターの負担の課題を解決することができず、新たに検討を開始したのが遠隔医療通訳です。

遠隔医療通訳は、遠隔地にいる通訳者が医師と患者間の会話をタブレット端末などで映像・音声を介して通訳します。当時はまだ電話を用いた音声のみの三者通訳が主流で、タブレット端末の利用は普及途上だったように思います。幸いシステム面で協力いただける企業も見つかり、急ピッチで実験環境の構築が進められました。

遠隔医療通訳の最大のメリットは、通訳者とコーディネーターの負担が大きく軽減することです。その分、病院側の運用負担が今までよりも増加するデメリットもあります。

運用開始に当たっては上記のデメリットにどのように対応するか、院内の運用を変更すべき点も複数ありましたが、西市民病院は医師や看護師、事務局も協力的であったため早急に改善策の検討を進めることができました。西市民病院の事務局・医療職の方々には改めて感謝申し上げます。

メリット	デメリット
①通訳者の負担が軽減 ・通訳者の移動がなくFACILの事務所から通訳が可能 ・通訳者に感染の恐れがない ②コーディネーターの負荷が軽減 ・システムを通じて予約するため、事前の日程調整が不要 ③同行通訳に準ずる意思疎通機能 ・電話通訳よりも意思疎通が図りやすい	①医事の運用負荷が増加 ・各診療科にタブレットを配備できないので、限られた台数を持ちまわる負荷が増加 ②会計窓口負荷が増加 ・決済機能はないため、会計窓口運用の負担が増加 ③システム不具合時の対応 ・ネットワークやシステム不具合時の対応が必要

遠隔医療通訳のメリット・デメリット

最後に

その後、私は二〇二一年四月に異動になり、病院の業務から離れることになりましたが、本格的な運用を開始し、二〇二一年は西市民病院での医療通訳は「すべて」遠隔通訳に変更しているようです。また、兵庫県や神戸市から医療通訳事業への補助もあり、FACILでは県内・市内の病院でも利用できる遠隔医療通訳事業を運営されている状況と伺っています。

だれもが安心して医療を受けられる環境として、「コミュニケーション」は欠かすことができません。医療機関・通訳者・NPO・企業・行政が協働する先駆的な事業として、これまでの検討が持続可能な医療通訳事業につながることを祈っています。

さらに、FACILの訴えを知った神戸新聞とNHKが地域社会の課題としてニュースに取り上げ、医療通訳の必要性と重要性、FACILの取り組みが社会に広く知られる機会となった。このニュースがきっかけになり、寺山財団より医療通訳を公的な仕組みにしていく活動のサポートとして五年間の寄付をいただき、現在に至っている。

寺山財団のご好意に応えるためにも、なんとか公的な制度に結び付けたい。

おわりに　制度化に向けて

すべての住民が、平等に社会保障制度にアクセスできることを原則として、医療サービスを公平に受けられる環境が当然である社会は、成熟した民主的な社会であるといえる。政府関係機関の動きも少しずつではあるが進んでいき、医療通訳士の認定制度については、言語数や内容などの課題は山積ではあるが整備されつつある。これと並行して整備しなければならないのは、その医療通訳士がこれを仕事として活躍できる環境である。

ＦＡＣＩＬが着手した「兵庫県の医療通訳システム構築モデル事業」は、あくまでその環境整備に向けた制度づくりのためのモデル事業であり、これがあるから仕組みがあるという状況だと思われているのは本末転倒といえる。

全国的な医療通訳に関連した動きの中でも、兵庫県の場合は市民団体が主導する形で、行政や医療機関との連携が進んでいるという現状は、非常に特徴的であり、今後の行政機関の施策への動きに大いに期待したい。

そして、医療通訳士という役割が社会に認められ、仕事として定着するまでＦＡＣＩＬの役割は続けざるをえない。

コラム20 医療通訳への思いとＦＡＣＩＬへの期待

村松紀子（医療通訳研究会（ＭＥＤＩＮＴ）代表）

ご存じの通り、医療通訳を取り巻く環境は変わってきています。でもそれは、単に社会が勝手に変わったのではなく、確かに変えようとした人たちがいたからにほかなりません。これまでのＦＡＣＩＬの取り組みは、明らかにこの環境に影響を与えたと思います。

以前は、日本語が得意でない外国人患者の医療通訳は命に関わることもあるのに、ボランティア頼みで、通訳を用意するのは患者側であることがあたりまえと考えられていました。誰もが問題には気づいているけれど、誰にもその答えを導き出すことができない。医療通訳を誰でも使える日本社会のインフラにするためには、いくつもの壁がありました。それは、善意の壁であり、また自己責任という名の日本社会の無関心の壁でもありました。

まず、医療通訳と報酬の問題です。一九九〇年の入管法改正後、デカセギとして多額の借金をして来日した日系人たちは、言葉のできない日本で、在留資格を得るために提出する書類の翻訳料を言われたとおり払うしかありませんでした。ＦＡＣＩＬの吉富さんは、当時、彼らの出生証明書など本国の書類翻訳を、日系人が払える金額で行っていました。それは当時としては、画期的なことだったと覚えています。在住外国人の翻訳通訳事業は、ビジネスのように利益を生むものではなく、また翻訳や通訳がなんであるかを知らない人たちからみれば、ただ右から左へ言葉という空気を動かすだけと理解されていて、まずこの見えにくい翻訳や通訳に適正な価格をつけること、双方にその理解を得ることこそが日本社会の外国人受け入れに必要だったと思います。現状では、地域によって負担者や負担額に格差があり、医療通訳が使いやすい地域とそうでない地域が存在します。大切なのは、外国人患者が払えないような医療通訳料金を設定することで、医療が受けられない状況が発生してはいけないということです。

もう一つは、医療通訳を広げていくためには、医療通訳者が働きやすい環境を作らなければいけないということです。医療通訳者にとって医療通訳は実に孤独な活動です。医療通訳を経験することによって傷つく通訳者がいないように、私たち医療通訳研究会（MEDINT）は医療通訳者同士がゆるくつながるユニオンのような存在を目指し、シンポジウムや研修会を行って、医療通訳者の課題を可視化しました。医療通訳者にとって、病院や患者とのあいだにいてくれる医療通訳コーディネーターは心強い存在ですが、通訳者以上に見えにくい存在です。コーディネーターに期待するのは、誰をどこに派遣するという調整よりも、誰よりも医療通訳の仕事を理解し、医療通訳者と医療専門職、患者をつなぎ、外国人医療の要となることだと思っています。

二〇〇〇年以降、各地で医療通訳派遣を行う団体が出てきて、医療通訳者が個人で医療通訳を受けるのではなく、団体として基準を作り、医療通訳コーディネーターが医療機関との橋渡しをして下さるようになりました。兵庫県でもＦＡＣＩＬが医療通訳者の強い味方として、医療通訳をコーディネートしてくださっていることで、医療通訳者は安心して医療通訳に取り組むことができています。

医療通訳は誰でもできる、報酬をもらわずボランティアでやれ、いなければ子どもでもよいという時代は終わりつつあります。声を上げ続けることは無駄ではなかったと思っています。

ここからは、これからのそう遠くない未来の話をさせてください。目の前の課題として外国人住民の高齢化とそれに伴う孤立化についての対応が急がれます。自分はどう生きたいかだけでなく、どう人生を終えたいかの自己決定においても、文化的・言語的配慮が必要となります。今後、外国人の医療支援にソーシャルワークの観点を入れていかなければ言葉だけでは解決しない問題が増えていきます。

また日本生まれの子どもたちも、親が日本語を理解できないことで適切な医療につながれない現状があります。特に最近、発達検査や児童精神科受診のハードルが高く、適切な時期に療育につなげることというのが難しくなっていると感じます。今後、問題が複雑化、重層化していくにつれて、言葉の側面からもこうした医療と福祉的課題の境目がなくなっていくのではないかと思います。

医療を入り口として、障害、高齢、生活困窮などとつながっていく中で、医療通訳者も社会福祉協議会や地域包括支援センター等とも連携できるような知識を増やしていく必要がでてくるでしょう。外国人医療における課題は病気を治すだけではじゅうぶんではありません。さまざまな分野に広がりをみせると思います。医療通訳派遣団体であるFACILには、通訳派遣をできれば福祉分野や児童分野、介護分野にも広めて、つねに時代に合わせた外国人住民の立場に立った活動を続けていただくことを期待しています。

山の登り方は違っても、同じ山の頂を目指している人たちは同志だと思っています。お互い少しでも高みを目指して一緒に頑張りましょう。

神戸のNPO

病院派遣へ通訳募集

外国人の受診支援 10月からモデル事業

日本語が苦手な外国人住民に安心して医療サービスを受けてもらおうと、神戸市長田区の民間非営利団体「多言語センターFACIL」が、同市内の総合病院に有料の医療通訳を派遣するモデル事業を始めることになり、通訳者を募集している。

県国際交流協会の助成事業として十月から始める予定。医療通訳の派遣事業は県内初となる。これまでは官民の外国人相談窓口や病院側の努力で乗り切ってきたが、外国人住民の増加にともない対応が難しくなったという。

通訳者は登録制で、需要があれば、指定の病院に同行し、医師とのやりとりを通訳する。謝礼と交通費（実費）が支給される。スペイン語、ポルトガル語、ベトナム語、北京語、広東語、英語、韓国・朝鮮語、タガログ語、インドネシア語、タイ語などの通訳者を求めている。

特に資格は問わないが、書類選考で適性や技術を見る。所定の応募用紙と、経歴書、志望動機など医療通訳についてのエッセーの三点を九月五日までに提出する。

FACIL☎078・736・3040

（宮沢之祐）

神戸新聞（2005年8月20日）

神戸のNPO法人

日本語の不自由な外国人が安心して医療サービスを受けられるよう、通訳派遣のモデル事業を展開する神戸市長田区の特定非営利活動法人（NPO法人）「多言語センターFACIL（ファシル）」が派遣の制度化を目指している。現在は限られている派遣先を、すべての病院や診療所に拡大、高まるニーズに対応する。行政と医療現場の協力が不可欠で、京都市など先進地の取り組みを参考に実現への道を探る。

（今泉欣也）

外国人に安心な医療サービスを

「通訳派遣」制度化目指す

行政、病院の協力不可欠 先進地の実績調査へ

外国人から医療通訳の依頼を受けるスタッフ＝神戸市長田区海運町3、多言語センターFACIL

ファシルは、地域と外国人社会のつなぎ役として一九九九年に設立された。二十八言語に対応し、約五百人の登録通訳者らが情報発信、通訳・翻訳などを行っている。

医療通訳の必要性は在住外国人の増加に伴い全国的に高まっており、ファシルは二〇〇三年、システム構築に着手。行政からも医療機関に働きかけてもらい、〇五年から協力病院への通訳派遣を始めた。患者は一回千五百円を負担し、通訳は診察内容や薬の飲み方などの情報を伝える。

依頼は県外からを含め年間約百件。吉冨志津代理事長(五二)は「スタッフや運営資金に限りがあり、現状の対応が精いっぱい。利用希望者はもっといる」と話す。子どもや知人に通訳を頼むケースもあるが、「正確に訳さなければ医療事故につながりかねない」と指摘。どの医療機関でも安心して受診できるよう、行政や病院も運営費を負担する仕組みづくりなどを検討する。

先月には、大手製薬会社ファイザー（東京）の「心とからだのヘルスケアに関する市民活動・市民研究支援」の対象に選ばれた。〇九年に二百万円の助成を受け、先進的に取り組む神奈川県や京都市で協力病院、医師らに通訳派遣の効果について聞き取り調査する。

吉冨理事長は「誤ったイメージで外国人患者が敬遠されるケースも少なくない。通訳派遣の制度化は医療機関にも患者数増加などのメリットがあることを理解してもらいたい」と話している。

神戸新聞（2008年12月28日）

医療通訳派遣 制度化へ一歩

官民協力の動き活発に

日本語の不自由な外国人が安心して医療サービスを受けられるようにするため、医療通訳派遣の制度化に向けた取り組みが、兵庫県内で進みつつある。神戸市長田区のNPO法人「多言語センターFACIL（ファシル）」が2005年度に市内の協力病院への派遣を始め、11年度からは、同市関連の3病院が通訳報酬の一部を負担。県は13年度、医療通訳の普及啓発費を予算化するなど、官民の動きが活発化している。（金井恒幸）

医療通訳派遣について話し合うFACILの翻訳通訳コーディネーター李裕美さん（左）と吉富志津代理事長＝神戸市長田区海運町3

神戸の3病院が費用負担

県は普及啓発費を予算化

外国人が医療機関を受診する際、子どもを含む家族や知人に通訳を頼む場合があるが、病名などを間違えると命に関わり、実際に子宮筋腫を子宮がんと間違った例もあるという。在日外国人の増加に伴い医療通訳派遣の必要性が高まるが、通訳を雇う余裕のある医療機関は少ない。このため神奈川県や愛知県などでは自治体と医療機関、民間団体などが協力、派遣している。

FACILは、阪神・淡路大震災の経験を踏まえ、地域と外国人社会のつなぎ役として1999年に発足。2005年度以降、神戸市内で協力を得た最大5カ所の病院に通訳を派遣してきた。患者負担は4時間まで1500円に抑え、06～08年度は年間100件以上の利用があった。しかし09年度以降、頼みにしていた民間団体などからの助成金が十分得られず、通訳への報酬を払えなくなり、派遣できた件数が年間10件台に低迷した。

仕組み変更

そこで、「派遣のニーズはある」と判断した神戸市は11年度、外郭団体の同市民病院機構、市地域医療振興財団と協議し、通訳報酬を一部負担することに合意。両団体が運営する市立医療センター中央市民病院（中央区）、同西市民病院（長田区）、西神戸医療センター（西区）でそれぞれ、通訳報酬の7割に当たる3500円を負担し、残り3割（1500円）を患者が支払うことになった。

また、患者がFACILに依頼していた形から、病院が必要性を判断してFACILに依頼する仕組みに変え、11年11月から試行的に実施。11、12年度は計37件の利用があった。うちベトナム語の利用が28件と最多だった。

参加増訴え

今後の課題は、この仕組みに参加する病院を増やすことだ。現在、派遣手配や連絡調整を担う事務費はFACILが負担しているが、これを誰がどう負担するのか議論することも、持続的な制度づくりには欠かせない。

県は13年度、医療通訳をPRする普及啓発員の配置やリーフレット作りなどを目的に、300万円を予算化。事業はFACILに委託する。県国際交流課は「医療機関に通訳の重要性を伝え、利用を促したい」と話す。

神戸市国際交流推進部の担当者は「派遣を受け入れる3病院での実績を積み重ね、病院側にもメリットがあることを他の病院に理解してほしい」と指摘。FACILの吉富志津代理事長も「医療通訳の存在は、患者にとっては病気の十分な理解につながり、早期発見・治療に役立つ。病院にとっては患者が通院しやすくなり、患者増につながる」とし、関係者の理解を求めている。

神戸新聞（2013年5月31日）

医療通訳派遣、初の200件超え

神戸のNPO、14年度県内利用数まとめ

日本語の不自由な外国人が安心して医療を受けるための医療通訳の利用件数が2014年度、県内で初めて200件を突破したことが、派遣元である神戸市長田区のNPO法人「多言語センターFACIL（ファシル）」のまとめで分かった。神戸市内の3病院で導入した利用数で、在日外国人の間で認知が進み、2012年度の30件台から急増した。神戸に多い在日ベトナム人の利用などが拡大しているという。

FACILは「今後制度が広がれば、現状の態勢では派遣の増加に対応できない恐れがある」とし、ベトナム語が可能な通訳などの緊急募集を始めた。

■神戸以外へも

FACILは05年度以降、神戸市内で協力を得た病院に対し、試験的に通訳派遣を開始。その活動が評価され、11年11月からは市の外郭団体が運営する市立医療センター中央市民病院（中央区）、同西市民病院（長田区）、西神戸医療センター（西区）の3病院で、病院側が3500円を、患者が1500円を負担して利用できる制度を始めた。

医療通訳コーディネーターと話し合うFACILの吉富志津代理事長（右から2人目）＝神戸市長田区海運町3

言語別ではベトナム最多

支援拡大へ通訳募集

FACILによると、12年度は32件の利用だったが、13年度は83件、14年度は204件と急増。13～14年度の言語別ではベトナム語が144件、中国語が37件、スペイン語・ポルトガル語が計27件―などだった。

3病院以外にも、FACILは年度ごとに民間団体や県の支援を受け、患者の希望に応じて独自に派遣を実施。12年度の利用は1件だったが、13年度は65件、14年度は70件と増加した。神戸以外に、西宮、明石、芦屋市での利用もあった。

FACILの担当者は「医者の話す日本語の説明が十分には理解できていないのに、医療通訳の存在を知らずに我慢している人が多い。病気の説明が理解できず、治療が大幅に遅れたケースもあった」と振り返る。

■6病院態勢に

こうした実績が評価され、15年度からは神戸大医学部付属病院（中央区）、県立こども病院（須磨区）、県立塚口病院（尼崎市、7月1日から県立尼崎病院と統合して県立尼崎総合医療センター）も同じ制度を利用。4～6月に6病院で計61件の利用があった。

FACILは本年度、医療機関や医療者向けの研修会を通して医療通訳の意義を広めるほか、ベテラン医療通訳者によるラジオ講座を放送し、通訳の水準向上を図る。FACILの吉富志津代理事長は「県内の広い範囲に派遣するため、まずは県立や市立など公立病院での利用拡大を目指し、自治体の理解や支援を広げたい」と話す。

派遣希望が多いのに登録通訳者が少ないベトナム語とポルトガル語、スペイン語の通訳を募集中。☎078・736・3040、メールアドレスfacil@tcc117.org（金井恒幸）

医療通訳　外国人が医療機関を受診する際、子どもを含む家族や知人に通訳を頼む場合があるが、病名は個人情報でもあり、病名などを間違えると命に関わる場合もある。在日外国人や外国人観光客の増加により医療通訳派遣の必要性は高まるが、通訳を雇う余裕のある医療機関は少ない。このため神奈川県や愛知県などでは自治体と医療機関、民間団体などが協力し、派遣している。

神戸新聞（2015年8月3日）

神戸新聞 2016年09月09日 金曜日 面名 朝三 1３ 3ページ

医療通訳 制度化に向け

公立病院やNPO 研究会が発足

神戸

日本語の不自由な外国人が安心して医療サービスを受けられるための医療通訳の制度化を目指す研究会の第1回が8日、神戸市中央区の兵庫県庁であった。同市長田区のNPO法人「多言語センターFACIL（ファシル）」や、医療通訳を受け入れる公立病院などが参加。人材や資金不足、コミュニケーションの難しさなどの問題点を共有した。

医療通訳は、外国人が治療や診察を受ける医療機関に通訳が同行し、症状を医療従事者に説明したり、医師からの説明を伝えたりする仕組み。

県内では、FACILが2005年、神戸市内の病院への派遣を始めた。公的支援がほとんどない中、現在は6公立病院と提携する。また国際交流協会が通訳を派遣することもある。

だが、多くの場合は日本語のできる家族や知人が同行。症状を正確に伝えられなかったりするなど医療従事者とのやりとりに苦労することが多いという。

この日は、県や神戸市の病院職員、三木、三田、篠山の国際交流団体関係者ら計17人が参加。「通訳ができる数人に負担が集まり、広域的な制度設計が必要」との意見も出た。病院側からは、専門用語や個人情報が多い中で、通訳を介した受け答えの難しさを指摘する声もあった。

県の担当者は「訪日外国人客の増加や東京五輪などを控え、需要は高まる一方。国や市町村と連携したモデルを考えたい」。FACILの吉富志津代理事長は「外国人を受け入れるにはどうするか、という病院の意識改革も必要」と話した。

研究会は今後、県内各地の事例を調査する。

（井上 駿）

医療通訳の仕組みづくりについて話し合った研究会＝兵庫県庁

神戸新聞（2016年9月9日）

診察スムーズ 利用外国人増
医療通訳「善意頼み」限界

利用件数が急増している医療通訳は、日本語能力が十分でない在留外国人にとって、日本で生活する上での社会的なインフラとなっている。患者側のメリットだけでなく、病院側もスムーズに診察を進められるなど利点も多く、専門家は「（NPOなどの）善意にばかり頼るのではなく、行政が制度を整える必要がある」と指摘する。

（1面参照）

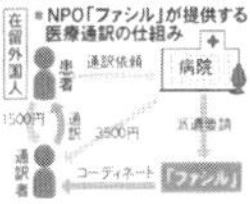

今月中旬、ベトナム人のファム・トゥ・タオさん(21)は妊婦健診のため、神戸市長田区の同市立医療センター西市民病院を訪れた。一緒に診察室に入ったのは、医療通訳を務めるベトナム人のグェン・ティ・トゥ・トゥイさん(23)。グエンさんは、14の言語を対象に医療通訳のコーディネート業務を担うNPO「多言語センターFACIL（ファシル）」（同区）から派遣された。

胎児エコー画像の説明、今後の健診スケジュール…。日本語を少しは理解できるファムさんだが「子どものことなので、分からないことがあると心配。一人で来るより心強い」。グエンさんは通訳の予約が入ると、受診科の専門用語を勉強して準備する。「勉強したことを人のために役立てたい」との思いからだ。

病院など「命預かる仕事、支援を」

医療通訳者のグェンさん（左）とともに診察を受ける妊婦のファムさん（中央）＝神戸市長田区、神戸市立医療センター西市民病院

病院側にも利点が多い。ファムさんを診察した森島秀司医師は「細かいニュアンスまで伝わり助かる」と語る。同病院を運営する地方独立行政法人「神戸市民病院機構」（同市中央区）によると、診察がスムーズになり、ほかの患者の待ち時間が短縮されたという。

有償ボランティアである通訳者への謝礼5千円のうち、患者が1500円、病院が3500円を負担する。利用が増えるほど、病院側の負担が増加する。対応可能な病院が限られ、同機構経営企画室の六田雅介さんは「今後を考えると、行政からの支援をいただきたいというのが率直なところだ」と明かす。

今月5日に兵庫県が開いた多文化共生社会についての会議で、ファシルの李裕美さん(37)は井戸敏三知事に「団体自体の存続が危ぶまれる。コーディネーターの人件費の半額だけでも拠出してもらえないか」と訴えた。井戸知事は「検討させてください。どういう（支援の）形があるか考える」と前向きな姿勢を示し、2018年度の当初予算案に盛り込む方針だ。

医療通訳に詳しい神戸市外国語大の長尾素子教授（通訳学）は「いつまでもボランティアを基盤にしたままでは無理が生じる。命を預かる仕事として認識してもらう必要がある」と指摘している。（阪口真平）

利用できる県内医療機関

ファシルがコーディネートする医療通訳を利用できる協定医療機関は次の通り。

神戸市立医療センター中央市民病院（中央区）▽同西市民病院（長田区）▽西神戸医療センター（西区）▽神戸大医学部付属病院（中央区）▽県立こども病院（同）▽県立尼崎総合医療センター（尼崎市）▽県立西宮病院（西宮市）

負担軽減策、兵庫県が検討

利用が急増する医療通訳だが、全国的な導入は進んでいない。1710の医療機関が回答した2016年の厚生労働省調査によると、医療通訳の「利用経験あり」と回答した医療機関は12・7%にとどまった。

ただ、利用した結果を聞いたところ「おおむね良かった」と回答した医療機関が85・3%を占めた。「良かった」と回答した理由には「職員の精神的・肉体的負担の軽減、時間が削減された」「意思疎通が困難なことで起きるトラブルが防げた」などが挙がり、医療通訳の重要性については認識が広がりつつある。

一方で、ほとんどが民間頼みとなっている制度に対し、財政的な支援に乗り出す自治体は少ない。神奈川県は11年度から、県内の市町村や病院などと負担金を出し合い、コーディネーターの人件費を拠出。県内36医療機関で利用でき、年間約7千件の利用がある。愛知県も県と市町村が折半して人件費を負担する。兵庫県も支援制度構築に向けた検討を始めている。

兵庫県は毎年、厚労省に医療通訳費を医療保険制度に組み入れるよう要望しているが、厚労省の担当者は「18年度の予算化は検討していない」としている。（阪口真平）

神戸新聞（2017年9月22日）

医療通訳派遣3年で5倍
県内、年間1000件超ペース
運営のNPO財政難

日本語能力が十分でない在留外国人に付き添い、医療機関の受診を手助けする「医療通訳」の派遣件数が兵庫県内で、2017年度に初めて千件を突破する見通しとなった。最近3年間で約5倍となる急増ぶりで、県内の事業を担うNPOは財政面や人材面で危機的な状況に追い込まれている。

（29面に関連記事）

医療通訳は、主に日本に住む外国人の患者を対象に、通訳者がともに診察室に入って医師との意思疎通を助ける。医療の現場では、専門用語や日本語の微妙なニュアンスが伝わらず、病状を誤解するケースがある。プライバシーへの配慮が必要な症状や重病の告知などの場面でも、専門的な通訳者のニーズは高い。

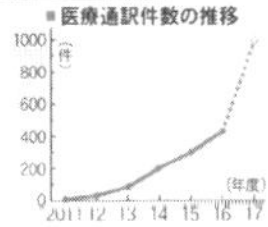

県内でほぼ一手に医療通訳事業を手掛けるNPO「多言語センターFACIL（ファシル）」（神戸市長田区）によると、派遣先は主に協定を結ぶ7医療機関で、特別な事情があれば協定外病院も対象となる。協定病院とのシステムが整った11年度は5件だったが、14年度は204件と約40倍に。16年度は432件で過去最多。本年度は8月までの5カ月間だけで381件を数え、千件を突破するペースとなっている。

ニーズが急激に高まった要因を、ファシルの李裕美事務局長(37)は「医療通訳を利用すれば、安心して医療を受けられることが在留外国人に広く認知された」とみる。一方、このペースの派遣が続けば、財政的にも人的にも18年度以降の事業継続が危ぶまれる事態になっているという。

通訳者には、病院と患者から謝礼が支払われるが、派遣事業の中核であるコーディネート業務は無報酬。神奈川県や愛知県などでは、市町村と分担してコーディネーターの人件費を負担する制度があり、李さんは「兵庫県でも財政的な支援をお願いしたい」と要望している。（阪口真平）

神戸新聞
（2017年9月22日）

神戸新聞 2018年05月09日 水曜日 面名 朝二社 14 30ページ

異国での父の看病体験生かしたい

ベトナム人医療通訳誕生

増える在留外国人の中でもベトナム人の割合が急増しており、医療の現場でもベトナム語を通訳できる人材の不足が深刻化している。兵庫県内で医療通訳のコーディネート業務を担うNPO「多言語センターFACIL（ファシル）」（神戸市長田区）は今年1月、新たにベトナム人のグェン・ティ・ホンサさん(29)を通訳スタッフに迎えた。10代の頃から、日本語が不自由な父親の看病で通訳をしていたグェンさん。異国で戸惑う外国人の助けになりたいという。（阪口真平）

「同じ境遇の人の役に」

人手不足に悩む企業などが外国人労働者を積極的に受け入れており、中でもベトナム人の割合が急増している。ファシルによると、2016年度の医療通訳者派遣数432件のうち、3分の1を占める158件がベトナム語。全国的にもベトナム語通訳者が不足しているといい、吉富志津代理事長は「公的機関や企業の待遇が良く、争奪戦になっている」と話す。

グェンさんは01年、13歳の時に家族6人で来日した。ベトナム戦争で祖父母ら親族を多数亡くすなどしたうえ、生活が貧しかったため、先に難民として既に日本に住んでいた姉を頼っての来日だった。

2年後の中学3年の時に、父親が脳梗塞で入院。家族で最も日本語ができるグェンさんが通訳を担当し、検査のたびに病院に通った。

医療の専門用語など、ベトナム語ですら話したことない内容。父親の命に関わることで、精神的な負担も重かった。「父にも伝わらないし、先生も何を言っているか分からない。でも私しかいなかったので」。今でも月に1度の検査があり付き添いを続けている。

16年10月には父親が高血圧で救急搬送された。付き添うことになったグェンさんは、当時務めていた工場を「辞めるくらいの覚悟だった」と振り返る。

「言葉が分からない時は私も病院に行くのが怖かった。同じような境遇の人の役に立てれば」との思いから、ファシルで働き始めたグェンさん。「神山満月」という和名を使って仕事をする。「電話通訳をする際に通じやすいから」という。

「一番うれしいのは『患者さんからありがとうと言われること』」。同郷人の不安を取り除く仕事に奔走する。

医療通訳 日本語能力が十分でない外国人が日本で医療機関を受診する際に、患者と医師の双方のコミュニケーションを手助けする。兵庫県内では主に、NPO法人「多言語センターFACIL（ファシル）」がコーディネート業務を担う。協定を結ぶ県内7病院に同行通訳者を派遣し、14の言語に対応する。患者が1500円、病院が3500円を負担し、計5千円が通訳者の報酬となる。

パソコンを使って遠隔の医療通訳をするグェン・ティ・ホンサさん＝4日午前、神戸市長田区、たかとりコミュニティセンター

2016年度通訳言語の割合
（多言語センターFACILによる）

神戸のNPO PCで遠隔通訳

ベトナム語による医療通訳者が不足していることを受け、医療通訳のコーディネート業務を担うNPO「多言語センターFACIL（ファシル）」（神戸市長田区）は、神戸市内の2病院で、遠隔の映像通訳サービスを試験導入した。6月から本格運用する予定。

新サービスは、地方独立行政法人「神戸市民病院機構」（同市中央区）と、同サービスを提供する「東和エンジニアリング」（東京）と協力して導入。ファシルの事務所に専用のパソコン（PC）を設置し、病院にタブレット端末を配備。テレビ電話形式で通訳をする。

医療通訳の派遣協定を結んでいる同市立医療センター中央市民病院と同西市民病院が対象。西市民病院で今年2月の導入以降、診察時や病室での産後指導で10件ほどの利用があった。

ファシルの吉富志津代理事長は「遠隔通訳は突発的な診察にも対応できる。サービスを利用できる医療機関を増やしたい」とする。同機構の担当者は「同行できない場所で、通訳サービスを提供できるモデルケースになる」と今後の可能性に期待感を示した。（阪口真平）

神戸新聞（2018年5月9日）

研究会で発言するファシルの吉富志津代理事長（左から3人目）＝神戸市中央区下山手通5、兵庫県庁

医療通訳 制度の確立を

利用者増、NPOら意見交換

日本語能力の十分でない在留外国人が医療機関を受診する際に、付き添って手助けをする「医療通訳」の制度確立に向けた研究会が22日、兵庫県庁で開かれた。医療通訳を運営するNPOや病院の職員、研究者ら約20人が出席し、意見を交わした。

患者と通訳者をつなぐコーディネート業務をするNPO「多言語センターFACIL（ファシル）」（神戸市長田区）は、利用者の増加で経営の危機にある。吉富志津代理事長は県に対して「このままでは来年、コーディネート業務を辞めようと考えている」と明言。県の担当者は「喫緊の課題だと認識している」と応じた。

三田市国際交流協会の深井佳世子さんは通訳できる人が都市部に集中していることに触れ、「（中核病院にだけでも）遠隔で通訳できる設備を置いてもらいたい」と要望。このほか医師への教育や在留外国人への制度の周知などが課題に挙がった。（阪口真平）

神戸新聞（2017年9月23日）

第3部

外国にルーツを持つ住民のキャリアパス

多文化共生社会の仕事づくり

Interview with the translator
ポルトガル語 翻訳・通訳者
松原 マリナさん
中国語 翻訳・通訳者
謝 沛叡さん
英語 翻訳者
バーナード・ファーレルさん
タガログ語 翻訳・通訳者
林田 マリトニさん
ベトナム語 翻訳・通訳者
ハー・ティ・タン・ガさん

from Brazil　from China　from Ireland　from Philippines　from Vietnam

ポルトガル語翻訳・通訳者　松原マリナさん

プロフィール

一九五三年生まれ。一九八八年に日系ブラジル人の夫、娘とともに来日。三人の子どもを育てながらポルトガル語翻訳・通訳者として活躍。また、関西ブラジル人コミュニティを立ち上げ、在住ブラジル人の子どもたちにポルトガル語を教える母語教室を開催するなどコミュニティ活動に従事し、代表を務めている。

ブラジルから日本へ

日本でJリーグがはじまる少しまえ、夫のネルソン[11]に、知り合いの北海道大学の先生から「これからは海外の選手たちを日本に連れてきたい」って声がかかったの。

それが日本に来たきっかけでした。一九八八年のこと。わたしは「行きたくない」って言ったんですよ。だって育ててくれた親と離れるのが嫌だったから。でもネルソンが「どうしても行きたい」って、スケジュールも全部考えて、「お給料はこれだけもらう」とか、「どこに住む」とか言ってきて。給料は、その当時のブラジルの給料と比べたらよかったです。住むところも用意されているっ

1997年来日前にブラジルの家族と（左から三人目）

て言うし。

それで父と母に相談したら……両親は猛反対。「日本に行ったら、もうブラジルに帰ってこないだろう」と。両親もブラジルへ移民してからは日本に帰らなかった。だから「絶対帰ってこない」と。でもわたしは「いや、帰ってくる」って言ったの。

その当時、ブラジル人にとっては日本で仕事することが人気だった。給料がいいと言われていたから。まわりの人たちも「いいね」って、お別れパーティーをしてくれたり、見送りに来てくれたり。

子育てで直面した言葉や文化の違い

日本に来たら、「そんなに甘くないな」と思ったのよね。狭いアパートで、札幌でしょう？　寒いんだから……ブラジルとはいろいろ違うことばかり。例えば、まずトイレが全然違うし。家に入るのもブラジルでは靴のままが普通だけど、日本ではだめ。

11　松原ネルソンさん。ヴィッセル神戸ユースのコーチを務めた。

(3)　平成4年3月1日　　　第12号

豊かな心を育てる　家庭教育

全道ブロック大会　千歳

第三分科会　家庭教育

根本恵子

千歳のPTAの方々の行き届いた運営の中での大会に初めて参加させていただきました。提言という大きな任務でしたが、自分の子育て、家庭生活をまとめた実践でしたので、私自身の十四年間の区切りとなり、もう一歩次にすすめる様な気がしています。これは機会を与えられたからできた事です。研修会に参加するしないにかかわらず、自分の体験をまとめてみる事は、次のステップとなると思いました。ぜひ皆さんにもおすすめしたい事です。私は家庭にも柱（基準）が必要である事、そして家族会議をもつことで話し合う空気を家庭の中につくる事、歩く速さでゆっくりと子育てし、沢山のものを子どもに気づかせること等を提言の主旨としましたが、分科会の参加者の心に残ってくれて、道内のどこかでそれぞれに合った計画が楽しく実践されてくれると、とてもうれしい事だと思います。家庭は社会の基本単位です。家族同志ていねいに接し、思いやりをもって生活して行く事、それが社会全体を大切にできる人間になれる気がしています。つくづくこの大会に参加する機会を与えてくれた月寒東小PTA、豊平区P連の皆様にお礼を申し上げます。今回の貴重な体験と共にアトラクションの千歳中学校のブラスバンドの演奏のすばらしさは、いつまでも私の心に残ることでしょう。

（月寒東小学校PTA会員）

日系ブラジル人ファミリーにインタビュー

ブラジル人から見た日本のPTAと学校

サッカー指導のため、サンパウロからやって来てすでに四年間が経過。羊ヶ丘小学校に通う二人（一年・四年）のお嬢さんを持つ、ネルソンマツバラ氏にたずねてみました。そばで奥さんのマリーナさんも、はるか二万キロのかなたを思い出しながら説明を加えて下さいました。家族で話す時は母国語のリズミカルなポルトガル語。そして、日常の生活の場ではなるべく、正しい日本語を話したいと努力しているそうです。漢字も習いに行ってるけど楽しいとニッコリ。

△マツバラファミリー（ディーズニーランドにて）

☆ブラジルの学校にもPTAはありますか？

ネルソン氏　「先生と親の会」というのがあるよ。だけど日本みたいに働きがあまり強くないというか、いっぱいはしないよ。少しネ。

マリーナさん　バザーの時は忙しいから、先生に親達が手伝うけど、こっちみたいにいつもは行かないの。ただ何か大きな行事がある時だけ手伝うのよ。だって大変ですものね。

☆学校についてはどうでしょうか？

ユカ（四年）　すごくきれいだよ！日本の学校。はじめホテルみたいと思ったよ。一年生の時床のカーペットにゴロンとねたのわたし。

ユミ（一年）　私、ランドセル持ってるけど、ブラジルのお友達はみんなハコだけしかないよ。

ネルソン氏　施設もきちんと整っているし、勉強時間にしても充実していると思うよニホンは。

マリーナさん　あちらでは学校が足りないから、ふたつに分かれて子供達が学校へ行くの。午前に行く子供達と午後からのグループと。朝七時始まりで遅刻はぜったいダメヨ。学校に入れてもらえないよ。次は午後一時からの組で夕方までというふうにネ。

ネルソン氏　授業に体育もないよ。家族でスポーツクラブに行くから。スイミングもテニスもバレーもバスケットボールも勿論サッカーでも何でも好きな事ができるんだよ。

マリーナさん　日本の学校教育はとてもよくできていると思うわ。なぜかというと、一年生から順番に年齢にあわせて勉強の量を増やして行くでしょう。だんだんと慣れさせてから少しずつ多くしていくのがいいのよね。むこうは、幼稚園の時に沢山勉強させすぎるのがダメよ。だからちょうど四年生頃になったら飽きて勉強がきらいになるみたい。

☆給食はありますか？

ネルソン氏　もちろん無いよ！運が良けりゃミルクや小さいパンがもらえる時もあるけど。日本の子供達は恵まれてるな。物が何でもあるから。

最初に住んだ北海道でＰＴＡ会報に掲載された松原家のインタビュー記事

いちばんショックだったのは学校。長女はまったく日本語がわからなかったけど、日本の公立の学校へ行かせることになった。すごく迷ったけど、インターナショナルスクールは学費が高くて、お給料そのまま持っていかれちゃうくらい。だったらもうあきらめるしかない。それで日本の学校へ。そこからが大変だったよね。

わたしは、子どもはまず日本語を覚えなきゃいけないと思っていた。でも、ブラジルの家族に相談したら「それは違う。ポルトガル語も必要だよ」と言われた。迷ったけれど、「日本に来たかぎりは日本の学校に行かせる」って決めた。

長女は、学年が上がっていくうちにいろいろあったみたいで、中学生になったら「もう日本にいたくない」って。そのいちばんの理由はいじめだった。

それで中学生のとき、アメリカに行きたいって言いだした。そのときは神戸に住んでいて、英語教室に通っていた。そこの先生が留学プログラムを組んで連れて行ってもらえることになった。ネルソンは反対したけれど、今思えば良かったと思う。日本より良いか悪いか、アメリカに行ってみて自分でわかったと思う。日本以外の国に行っても、思い描いていたようないいところでもないってことをね。

高校に入るときは中学校の先生がすごくサポートしてくれた。高校ではいろんな国籍の友達がいたから楽しかったようです。高校生のときに書いた作文が文部大臣賞をもらったのね。これが本人にとっては大きかったです。

そして、大学進学。そのときもすごく迷ったんですよ。たいへんだった。わたしは日本の大学の名前や場所もよく知らず、わからないことばかり。それで当時、子ども多文化共生サポーター[12]として働いていたので、勤務先の教頭先生に相談してみたんですよね。娘が大学にどうしても行きたいと言っていると。大学の名前を聞かれて、「ケーオーって言うんですけど」と答えたら、教頭先生が「わたしの息子が『慶應に行きたい』って言ったら、財産全部使っても行かせる」と。それを聞いて「ああ、そういう大学か」って、わかった。

でもネルソンは反対。東京の大学で遠いし、お金もかかるし。そこでわたしが娘を手伝って東京で住むところを探して。娘は自分でいろいろ準備を進めていた。そして慶應大学へ入学して通ったの。まあ何とか慣れていったけれどいろいろとやっぱり大変だったと思う。五年間かかって卒業できまし

12　兵庫県内の公立学校で日本語の理解が不十分な外国人児童生徒のために母語でサポートする仕事。

た。

妹二人も長女と同じように大学に進んで、今となってはよかったなと思うんだけど、その時は経済的に学費とか、ひとり暮らしの費用とか……たいへんだった。

日本語習得のため必死の努力

日本語はね、やっぱり子どもたちを見て「頑張らなきゃいけない」って思ってね。学校からの連絡の配布物も、読めなかったから。子どもが学校からもらって来るでしょ？　それが読めなくて困ったんです。漢字もあったし、ひらがなだけでも、新しい言葉や日本特有の言葉があると何が書いてあるかわからなかった。近所の人に読んでもらったり、友達が遊びに来たときに見てもらったりした。

長女が小学校一年生の時、大きなショックを受けた出来事があった。

ある日、学校から帰ってきて、「今日、みんなトイレットペーパーの芯と空き缶、持ってきてたよ」って言うの。あとで気づいたんだけど、連絡帳にはトイレットペーパーの「芯」を持ってくるように書いてあったの。

でもわたしには、この「芯」という言葉がわからなくてね。

授業中、長女はクラスメイトのみんなが持って来ているのをじーっと見ていたと思う。先生が予備をちゃんと準備してくれていたから、よかったんですけど、娘はわたしに準備してほしかったのね。日本語が読めなくて子どもの学校のことを手伝うことができなかった。こんな簡単なこともわからなかったんだなと思った。このことがあってからは、連絡帳も必死で読んだ。それでも抜けてしまうことが多かった。

それ以来、わたしは子ども多文化共生サポーターとして学校へ行く機会があると、連絡事項は翻訳してくださいって言うようにしている。日本語やローマ字で書いてあっても外国人の親にとって意味がわからないから。

やっぱりポルトガル語に翻訳するのがいちばん大事。日本に特有で、ブラジルにはないものや言葉もある。それを伝えるときに、その代わりのものは何だろうかって考えて連絡帳に書いてあげないと、親はわからない。

その時は大変だったけど、やっぱり人間ってがんばることだよね。あのとき、ぼーっとして勉強せずにそのままでいたら、今の仕事はとてもできなかった。吉富さん[13]がよく「言語は読まないと、習得は無理だね」って言っていたとおり。独学で日本語を勉強したから、漢字を間違ってしまったこともある。でもそんな時期もあってよかった。

翻訳の仕事は夜中の三時ごろまでやっていた。子どもたちがみんな寝たあとでね。だけど、わたしがそれをやっているのを子どもたちは……親の背中をね……見ていたんだと思う。

「言葉ができないと、何もできないんだな」って。特に長女はそう感じたと思う。読めない漢字があったらよくわたしに聞いてきたし、中学一年生のころは新聞を必死に読んでいた。

これは、わたしが小学生のころブラジルで通った日本語教室で使っていた本です（次ページ写真）。

13　ＦＡＣＩＬ前理事長　吉富志津代。

ブラジルの日本語教室で使っていた本

そんなに長くは通っていない。たぶん一年ちょっと。日本語教室が大好きだった。でも、「ポルトガル語の勉強のほうが大事」と父が言って。わたしは辞めたくなかったけれど、辞めることになった。それから日本語とはずっと離れちゃったの。すごく残念だった。その気持ちを親には言えなかったけれども、自分としては残念に思っていた。

父からすれば「もう、日本には帰らない」と決めていたから、日本語を覚えてもしょうがない。父はポルトガル語があまりできなかったから、ブラジル人とコミュニケーションを取るのが難しかった。仕事もたいへんだったと思う。だから「娘には不便な思いをさせることがないように」と考えていたのだと思います。

母は家からほとんど出なかった。会話も近所の人とだけ。ポルトガル語があんまりできなかったから。買い物にもほとんど出なかったみたいね。言葉がわからないっていうことがすごく不便だったと思うね。

両親とは日本語で話していた。だから、最初に住んだ北海道では、熊本弁をしゃべっていたの。方言の区別なんかできなかったからね。「そうばってん」とか言ってね。親が話している言葉が熊本弁だったから、それが日本語だと思っていた。

日本に来たとき、方言の違いは大きかった。「同じ日本語のはずなの

自宅にて家族と（後列真ん中）

に」って。北海道では病院でご飯をつくる仕事に行ってたけど、みんなが北海道弁をしゃべっていて、「あ、違うんだ」って。

それで北海道から岡山に引っ越したとき、また違う言葉だなって思った。神戸に来たときも！　神戸もまた方言が違うでしょ？　駅についたとき、みんなが話しているのを聞いてびっくり。岡山でも北海道弁との違いがあって全然わからなかったけど、神戸ではもっと苦労した。住む地域によって言葉が変わるのには困りましたね。やっぱり言葉はすごく大事だから。

まわりにいた日本人たちが「こんなこと言いたいんじゃないの？」とか、いろいろ教えてくれたので、すごく助かりました。そのころはママ友同士でお茶会をしていて、そこで自分がわからないことを聞くチャンスがあったから。特に、岡山ではママさんバレーボールのチームに入っていてよく集まっていたし、練習の休憩時間におしゃべりして、少しずつ日本語を覚えたんですよね。

それと家で、娘たちが「お母さん、その言い方違うよ」

神戸で開催したフットサル大会にて。マリナさん、夫のネルソンさんはともに体育大学の出身

とか、「こう言うほうがいいよ」とか言うのね。特に長女はね、自分が学校で指摘された言い方をわたしがしていたら「お母さん、こうやって言うんだよ」とか言いにきた。

岡山に住んでいたとき、中学校の授業参観があったの。長女は「学校に来ても、お母さんしゃべらないで」ってね。たぶん、その場に合わない発言するだろうと怖かったんでしょうね。あと、名前が「松原」だから友達は娘のことを日本人と思っていたのね。でもわたしが学校へ行ったらブラジル人ってばれてしまう可能性があったからね。

ある授業参観後の懇談会のとき、わたしはどうしても言わなきゃいけないことがあった。

次女が中学生のとき、アメリカ選手のユニフォームに憧れてバスケットボール部に入った。ある日、先生に怒られて、固いバスケットボールを胸に当てられたの。危ないですよね。その直後には次女は何も言わずにあとから聞いたんです。気になっていたから懇談会で先生に言ったんですよ。

「子どもはそのスポーツが上手か下手よりも、テレビで見たユニフォームとかに憧れることが多い。先生としては生徒たちみんなが『選手になる』という気持ちでいると思っているかも知れないけど、みんながそうじゃない。できる子もいるし、できない子もいる。だからボールをぶつけるのはやめてください」って。

わたしは体育大学を卒業しているのでスポーツの意味がわかっています。できる人とできない人がいて、できない人を上手にするのが先生。それが抜けていますよねって、はっきり言った。それを他の親のたちのまえで言った。日本語は少しずつできるようになっていたし、自分ができる範囲で発言したんです。

わたしはブラジルで一〇年間、公務員だったのね。裁判所に勤めていたの。そこでも自分の意見はよく言っていて、「この結果こうなった」とか「何でこんな結果になったのか」って、いろいろ話していたの。弁護士になるための大学で二年間勉強した。面倒くさくなってその大学は辞めたんだけど。裁判所では一〇年間仕事しました。すごく良い経験だった。

それで、その大学を辞めた後、体育大学に行ったのね。両親は猛反対。でも最終的には、娘が決めたことだからしょうがないって納得してくれたけど。

大学は働きながら行きました。朝は大学に行って、午後から夜七時まで裁判所で仕事。一時間早く出勤したり遅く出勤したりすることもできた。公務員はそういうメリットがあって。年間三〇日、きっちり休みも取れたし。

裁判所の仕事は、書類をもとにいろいろ調べて、抜けが無いかもチェックしなきゃいけない。いろいろと勉強になりました。

翻訳の仕事をはじめたころ（後列中央、左隣は FACIL 前理事長の吉富志津代）

たかとりコミュニティセンターとの出会い――ポルトガル語翻訳・通訳者へ

翻訳・通訳の仕事をするようになったのは、たかとり[14]に行ったのがよかったですよね。

吉富さんと出会って、たかとりに在住外国人のコミュニティがあるから「手伝いに来てくれない?」って誘われたの。ポルトガル語のできる人がいないからってね。

最初はボランティアだったけれど、翻訳料をもらうこともあった。はじめて翻訳を依頼されたとき「え？　わたし、こんなの翻訳するの?」と思った。

吉富さんには「できるでしょ?」って言われたけど、わたしは「う～ん。どうだろうね……」と。

でも、「やってみたらできるから」って言われて。

やって良かったと思う。仕事として翻訳することで言葉

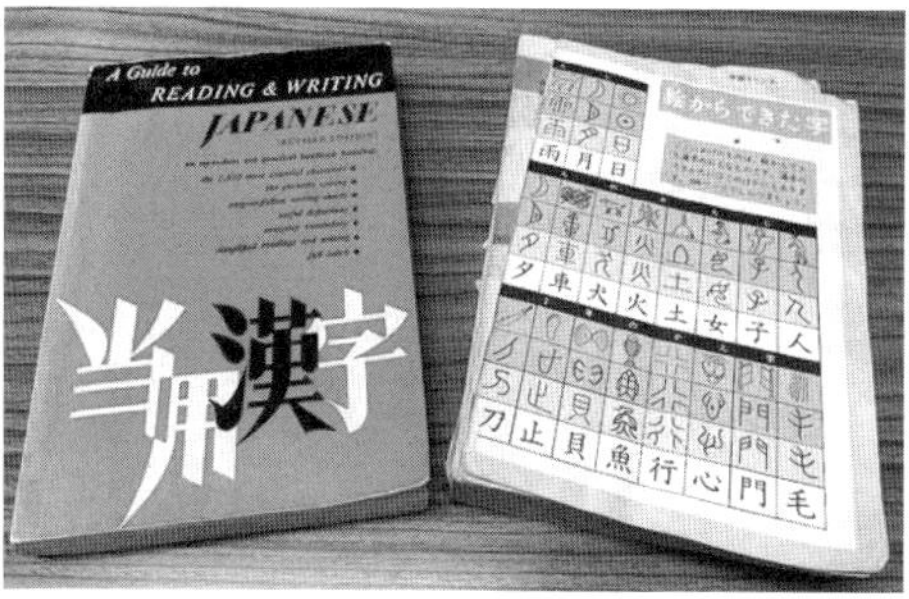

左：A *Guide to Reading and Writing Japanese*
右：小学生の漢字読み書き辞典

も覚えるしね。勉強しなきゃいけないって思った。まあ、最初の翻訳をいま見たらちょっと恥ずかしいかも。

吉富さんはスペイン語ができたから、翻訳でわからないところがあるとスペイン語に置きかえて教えてくれた。これも助かりました。

はじめて翻訳したのはゴミの出し方。それからガイドブック。依頼されたとき、漢字で何が書いてあるかわからなかった。「え？　これどうやってするの？」って。必死でやった。その時は、夜中二時とか三時までやって何とか終わった。

この『小学生の漢字読み書き辞典』を使って翻訳したの。札幌に住んでいたころに、ある日本人のかたに貰ったの。幼稚園を卒園した子どもたちに配られていたものらしいんだけど。

他には英語で書かれた漢字ガイド。これらがあって助かりました。言葉がわからなかったし、どうにかして日本語を読もうとするけど、意味がわからなくて、すごく不安な状態で翻訳していた。

14　たかとりコミュニティセンター。神戸市長田区に震災後に生まれた多文化共生をテーマに活動するNPO・NGOの拠点。『関西ブラジル人コミュニティ』もここからスタートした。

今みたいにパソコンもなかったし。この本や辞書にある言葉の説明を読んで理解しながら翻訳した。こんなに破れるまで使ったのよ。

このころのわたしの心の中にあったイメージを説明するとね。トンネルに入ったときって真っ暗でしょ？　でも、漢字や日本語の意味とかを毎日少しずつ覚えるごとに、そのトンネルがすごく明るくなってくる。ずっとそのイメージを持っている。

確実に伝えたい——翻訳への思い

翻訳は伝わらないと意味がない。最近はきれいに翻訳されているポルトガル語を見る機会があるけど、それだけじゃいけない、とわたしは感じています。

「これが必要」っていうところを、読み手のブラジル人がはっきり理解できないと。ブラジル人だけではなく、やっぱり外国人に翻訳で伝えるためにそこは大事だと思う。

日本語原稿にはていねいにたくさんの文章が書いてあっても、まず何のための文書なのかが伝わるように翻訳しないとダメだと思います。そうしないとブラジル人は「まあ、どうでもいいわ」って思っちゃう。

何のためにこの文が書いてあるのか。目的をはっきりさせて翻訳することが大切。日本語に書いてあるとおり右から左にただ訳していたら、ややこしくなっちゃうのよね。伝えたいことをはっきり翻訳したほうがいい。たぶん英語でも、その他の言語でもそうだと思う。

自治体から依頼された翻訳とか、日本語をそのまま翻訳してくれって言われることもあるけどね。

母語教室をはじめたころの教え子たちと（右から二人目）

でも大切なのは読み手に伝わること。読み手が勘違いしないようにしなきゃ、と思いますね。

言語の習得は人生を変える

子どもたちにポルトガル語を教える母語教室の活動も長く続けています。

最初は厳しかったですよ。ポルトガル語と日本語と同時に勉強するのは難しい。でも、やっぱり両方するのがいいと思う。ただ、親が厳しく言う家庭もあれば、うちみたいに、簡単なポルトガル語を話している家庭もある。ちょっと勉強しにきては、やめちゃう家庭もある。

うちの場合、長女は自分のことを「ブラジル人」と言いたくなかったのよね。だから、「日本語だけ勉強しよう」って。それはそれでよかったと思うけど、もう少しポルトガル語も勉強していたらと思う。

今、一番下の娘がそう感じているの。彼女が韓国に行ったとき、「自分はブラジル人なのに日本語しかできない」と実感した。もっと勉強すればよかったと最近思うようになったのではと感じるの。

少なくとも、そう思ってくれたらうれしいね。

機会がないと、青少年に言語を教えるのは難しいんです。まずは本人が「やりたい」と思わないと。

わたしの場合は日本に来て困ったからこそ、必死に日本語を勉強するようになった。そういう経験がないと二言語を習得する必要性を、自分では気づきにくい。大人だと「仕事しよう」という気持ちが先にくる。言語を勉強する必要性は感じない。そして自分の言語が通じるグループだけに入っていく。

でも、「できない」ことはないとわたしは思います。思い切って覚えて！　できるなら、すぐにやることです。

すごいですよ！　言葉を覚えたら。本当に。

最初は暗くて、覚えていくうちに気持ちが明るくなっていく。わたしの実感です。

英語翻訳者　バーナード・ファーレルさん

プロフィール

アイルランド　ダブリン生まれ。少年時代に通っていた柔道クラブを通じて日本に興味を持ちはじめる。エレクトロニクス企業社員を経て来日。日本では英語教師や翻訳者として活躍。日本文化への深い造詣と生活者の視点から紡がれる翻訳には定評がある。

ダブリン郊外ダン・レアリーでの日々

生まれたのはダブリン郊外のダン・レアリーという町。一九五三年です。住んでいたのは公営住宅。でも日本のようなマンションではなくて、一戸建てとか二戸建ての家がほとんどでしたね。三〇〇軒ぐらいの家が集まった新興住宅団地。いちばん古い記憶はそこから。そして日本に来るまでそこに住んでいました。

わたしは、六人きょうだいの長男でした。父はもともと飛行機の技師だったけど、灯台の明かりを調整するエンジニアとして働いていました。普通の労働者階級ですね。近所の平均的な家族の人数も六人とか八人で、子どもだらけ。

五〇年以上まえ、当時のアイルランドはそれほど豊かな国ではないから、子どもたちは小学校や中学校を出ると仕事をしました。

日本でいう中学校、高校は、アイルランドでは五年間です。中学校で「全国統一試験」があります。義務教育での自分の学力を測る試験で、その試験を受けて修了証明書がもらえる。それから高校に進みます。アイルランドはほとんど中高一貫で secondary school というんです。

昔のアイルランドは男女共学が少ない時代だったから、男子校と女子校に分かれていて、わたしの学校は男子校でした。Christian Brothers という修道会が運営している、下町にある学校でした。男子校と女子校に分かれていることからもわかるように、男の子と女の子の成長はちょっと違うんですね。同じ secondary school でも、女の子は中学校二年間、高校三年間という配分。一方で男の子の場合は中学は三年間。この年代の男の子は中学校ではまだ落ち着かないからです。だから先ほど言った「全国統一試験」も女の子は中学二年生で受けることになります。高校が終わるのは（中学校入学から数えて）五年後だから男女とも同じです。昔の場合ですけどね。

今は男女共学が普通ですね。その年ごろの成長の違いを考慮する、昔のシステムも悪くはなかったとわたしは思います。

ゴルフ場、印刷会社、パブ……子どものころから社会経験を積んだ

わたしも小学生のうちから仕事をしていました。アイルランドではゴルフが盛んだから、うちの近所ではわたしも含めて、小学校三、四年生からゴルフ場のキャディをやっていた。学校が終わってから走ってゴルフ場に行って、夕方にキャディをやって、土日は午前中に一八ホール、午後一八ホー

ル。お金は小遣いになるのではなく、家に渡す。夏休みになると、中学生はみんな必ず仕事をした。アイルランドでは夏休みが長くて二、三ヶ月ある。夏休みの一、二週間まえになると、近くの会社へあちこち行って「夏休みに仕事はありますか？」と聞いた。

わたしは一三歳から、絵葉書やカレンダーの印刷会社で朝八時から午後五時まで、工場の社員と同じ仕事をしたよ。業種によっては夏休みだけ人材が必要になる。例えばフルーツの缶詰とか、ホテル業とかは、年間ずっと人手が必要なわけではなくて、夏に人材を集中させると年間の売り上げがほとんど稼げる。その印刷会社でも、男性は一人か二人しかいなくて、女性が一五人ぐらい、印刷がちゃんとできているか確認したり、経理の補助をしたりしていました。

夏休みが終わると、会社もゆっくりのんびりする。中学、高校ぐらいになると、夜にパブでウエイターをやった。夜六時から一一時まで週三回ぐらい。土日はお昼の二時から夜一〇時まで。注文を受けてバーテンダーに伝え、お客さんに注文されたものを持っていって注文ごとにお金をもらい、お金の管理もする。

昔は、大学生はアイルランド国内では働かなかった。夏休みの三ヶ月はもっと稼げるアメリカへ行った。語学を勉強している人なら、フランス、イタリア、スペインのぶどう園やホテルに行きました。夏休みだけ人材が必要だからそういうことができた。日本ではちょっと考えられないかもね。今はどうなっているかわからない。たぶんアイルランドの大学生も、ビザの関係でアメリカでは仕事はできないかもしれない。

高校を卒業して、オランダの会社「フィリップス」に就職しました。アイルランドに工場があって、そこで事務の仕事をしました。工場で使う部品の管理。新しいテレビとラジオを作るために必要な部品をドイツやオランダに注文して取り寄せる仕事です。そのころはインターネットがなかったから全部手書きの注文書を書いて送って。手紙じゃなくて、えーと……何だったか……テレックス！[15] テレックスは今の人は知らないと思いますね。

フィリップスはエレクトロニクス分野で、ヨーロッパではたぶん一番の企業でしたね。だけど入社して三年後にオイルショックが起こって、人件費も削られるようになったので、ラジオを製造していた別会社に製造ラインで入って品質管理の仕事をしました。その後、オイルショックが落ち着いてフィリップスにまた戻ってくるように言われた。経験があって会社のこともよくわかっていたからでしょうね。

日本のことが気になりはじめたころ

日本のことを意識したのは、中学生のとき、地理の教科書で見たのが最初です。もうひとつは中学生のころに見た、川崎とか日本の公害について報じているニュース映像でした。一九六〇年代当時は日本だけではなく、世界的にも公害が非常に問題になっていた時代でした。

あとはアメリカ映画の、特に戦争映画から。アメリカの戦争映画は、ほとんどアメリカと日本の戦いを描いていて、それを観て少しずつ日本に興味を持ちはじめました。ほかには確か中学三年生のとき、はじめて日本製のトランジスタラジオを見たときにとても感心したのを覚えています。パナソニックになる前の「ナショナル」ブランドでした。高校生になると、日本の車がアイランドに輸入されるようになってきましたね。トヨタ、ホンダとか。

あとはやはり中高生だったときに、アイルランドにあった柔道クラブに通ったこと。アメリカと日本の戦いを描いた戦争映画でも、柔道をするシーンが出てきて「自分もやってみたい」と興味がわいて、自分で探しました。アイルランドの柔道クラブに入って八年ぐらい続けました。そこには日本人はいなくて地元の有志の人たちがやっていました。自分たちで柔道リーグも作りました。アイルランド独自の柔道リーグです。ダブリンで定期的に試合を開催したりして、楽しかったですね。でも、アイルランドで黒帯を取るのはなかなか難しかったです。向こうでは大人でも一級から六級までの「級」からはじめるようになっています。帯の色でいうと、白にはじまって、黄色、オレンジ、紫、茶色、そして黒。黒帯になるのは早くても三、四年かかります。わたしもアイルランドにいたころは、茶色までしか取れませんでした。でも日本に来て一回目の試験で黒帯が取れたんです。日本のほうが楽でしたよ。日本では黒帯はそんなに難しくない。アイルランドのほうが厳しかったです。日本では、中学生より上ならいきなり黒帯ですからね。向こうでは「級」からはじめてだいぶ期間をあけないとだめ。他にも「公式の試合に出場して何勝する」とか、決められた条件をクリアしないと黒帯は認められないんです。

その後も日本の美術とか、二〇歳ころには、そのころはもう働いていましたが、仏教にも興味を持つようになって。

15　一九三〇年代に確立し、二〇〇〇年代前半ごろまで商業通信手段として用いられた通信方式。

ダブリンの、アイルランドと日本の友好協会にも参加していました。日本大使館が主催していて、定期的にアイルランド在住の日本人と地元の人たちが交流して、何かお互いを理解しようというイベントもあった。そのころに、日本大使館が日本語教室を一年間のコースとして主催していたんです。本当に基礎的な内容なのですが、それに参加して日本語を学びました。

日本の美のスタイルにも興味がありました。ダブリン大学の夜間コースに「東洋美術コース」があって、日本だけでなく東洋美術一般について学びました。それがだいたい二二、二三歳くらいでしょうか。

日本へ行きたい！　ペンフレンドをたずねて

それらのことを経て、はじめて日本に来たのが一九七七年。アイルランドでは本で読むか、話を聞くかしかなかったので、「日本に行ってみたい。実際に行かないとわからないことがある」と思ったからです。

日本人と文通していたこともきっかけのひとつです。日本でペンフレンド（文通相手）に会うことが目的でもありました。今なら「メル友」。あとは「ＳＮＳ」ですよね。昔はちゃんと手紙を書いて交換し合っていました。

日本への興味から、日本人の生き方、考え方にも興味があったので、日本人ときちんと交流したかったので、日本大使館にどうやったら日本人と文通ができるか聞きました。それで大使館が「こういうところだったら」と住所を教えてくれて。

他にも、昔、日本に『イングリッシュエイジ』という雑誌がありました。英語に興味のある大学生がよく読んでいたんです。その雑誌には、全世界の文通を希望する人からの投稿を載せたページがありました。そこに投稿して手紙をくれた人のなかで、何年間も文通が続いた相手に会いに行こうとなった。

ペンフレンドが兵庫県に住んでいたから、最初は大阪に来ました。大阪はちょっと大きすぎてよくわからなかったけれど、神戸はちょうどいい感じがして、よい所だなと思いました。

アイルランドからの直行便がなかったから当時いちばん安かった旧ソ連のモスクワ経由。今のアエロフロート[16]ですね。二日ぐらいかかりました。アイルランドからまずロンドンのヒースロー空港へ行って、そこからモスクワ、そして東京。さらに東京から大阪。そうやって日本へ来て「日本はおもしろいな」と思って。もうちょっといたいと思いながらもアイルランドに戻りました。

情報のない一九七〇年代に日本へ移住・就職

最初の日本での滞在は二、三週間くらい。そう長くなかった。アイルランドに戻って、日本にまた行くなら、もうちょっと長い期間滞在したいと思いました。でもそれなら生活のために仕事をする必要がある。わたしの場合は英語が話せたから、英語を教える仕事はどうかと思いました。でもどうやってそういう仕事に就けるかはわからなかったのです。そのためにアイルランドで第二言語として英語を教える資格を取りました。

16　ソビエト連邦時代から続くロシアの航空会社。

それでペンフレンドが神戸や大阪の英会話学校にいろいろあたってくれて、三宮にあった学校を見つけてくれました。当時はインターネットも何もなかったので、アイルランドにいたわたしには英会話学校がどこにあるかもわからないし、何もできない。でもペンフレンドがいて探してもらえたのが幸いでした。

こうして翌年に日本に来て仕事がはじまりました。仕事が決まってからその学校の代表の方に会いましたが、それまでは手紙のやりとりさえしていません。ペンフレンドの印象がよかったのでしょうね、この人だったら信頼できるということで。

来日まもないころ

わたしはお金も何もないけど、人に恵まれた。柔道を通じて出会った人たちなど、アイルランドでも日本でも周りの人に恵まれて、それがわたしの人生の宝。

一九七八年二月に再来日して、仕事は三月か四月からはじめたかな。もう四〇年以上まえのことですね。それからずっと神戸にいます。三宮の英会話学校の仕事は、結構長かったですね。何年か勤めました。学校が閉校になって、その時は子どもがいたから、家で子どもの面倒を見ながら個人として英語を教えはじめました。

再来日当時、わかる日本語は「これは何ですか?」「あれは何ですか?」それぐらいです。だから、まったくできなかった。

例えば英会話を教室で半年ぐらい習ったら、そこでは「ああ、話ができる」と思うでしょう?

いざ外国に行ってみたら、何が通じる？　たぶん相手が何を言っているかわからないでしょう。教室で習って、教室の中でその言葉をそこそこ話せる、聞きとれると思うのは勘違いではないとしても、教室の中では標準語をていねいにゆっくり話してくれるからです。現実はそうではない。関西弁を教えてくれるところなんてない。まして神戸弁は。

いちばんわからなかったのは、子どもたちの話。大人なら、ていねいに話してくれてかろうじてわかったけれど、子どもたちが何を言っているのかさっぱりわからなかった。それから日本人同士の話も。わたしと話すときは、割とゆっくりていねいに話してくれるけれど、日本人同士で話すとまったくわからない。その時はね。今もあまり変わらないけれど。

だけど日本語で苦労したかと言うと、そうでもないよ。まあ、自分の性格によると思います。性格によって、「まあ、一日終わったからそれでよかった」という人と、そうではなく、いらいらする人もいる。言葉がわからなかったり間違ったりして、いちいち気にしていたら、つらいし、しんどい。そんな性格ではなかったから、何とな

古武道の居合道をするファーレルさん。居合四段、柔道三段の腕前。「居合ではこのような剣を使うわけです。ほかにも剣術、棒術、柔術などをしていました」

くここまできた。

やはり日本にこれからずっと、少なくとも何年かは住むとなると、日本語は身につけないといけない。どうやって勉強したかといえば、生活しながら身についた。日本語の教科書は、今は種類がいっぱいあって、かなりよくなっているけれど、昔は教科書そのものがあまりなかった。日本語を勉強する人がほとんどいなくて、大学生や研究者だけだったから。

いちばん日本語が身につくきっかけになったのは、テレビです。テレビって、毎日見るでしょう? テレビを見ていると、毎日二、三回ほど同じようなニュースを言っているので、単語はあっというまに覚えられる。

昔、とても人気があった萩本欽一のバラエティ番組がありました。毎週その番組を見ると、いくつかコーナーがあって同じような内容で同じようなことをやっているので少しずつ自然に言葉を覚えていた。英語の授業といっしょで、同じことを少しずつ繰り返すわけだけれど、楽しいのがよかったね。

それから、昔からあった教科書で漢字やひらがなは勉強したけれど、ほとんどできなくて、いちばん大きなきっかけは多言語センターFACILの翻訳の仕事です。それがなければ、今も日本語を読めないと思います。日本語を読むのは難しいし、読まなくても生活はできるから、それまでは日本語を読もうと思っていなかった。英文もそんなに上手に読めないけど。

一九九五年の阪神・淡路大震災以降、とくに神戸市や兵庫県の情報を多くの住民に伝えるためにFACILから依頼されて、翻訳をはじめました。今よりも日本語が読めなかったので大変だったし無謀だったけれど、ＦＡＣＩＬから依頼をいただく内容なら何とか読めた。でも、日本の小説などはまったく理解できません。

今でも（日本語を）書くことはできなくて、小学校一、二年生ぐらいの文章が書けない。たまに、ＦＡＣＩＬに日本語でメールを送るのも自信がないから、日本人の妻に「ちょっと見て」と言うことがあります。

翻訳の内容はばらばらで、とんでもなく種類があって「同じ翻訳者が、こんなこともするの？」と思います。プロの翻訳者は、だいたいこの分野というのがあるでしょう？　でもＦＡＣＩＬの翻訳は、行政や学校のこととか、個人の出生証明書とか、この前はファッションのことまで。翻訳ではなくて英語のチェックだったけれど、あれは本当に苦労したよ。なんで七〇歳のおっさんが、二〇代三〇代の若い女性のファッションのことを、と思いながらやったよ。内容でわからないものはインターネットで調べたけれど、半分以上は英語じゃなかった。フランス語やイタリア語もあった。それに、雰囲気を表す言葉がほとんどだったからたいへんでした。

日本には四〇年以上住んでいるけれど、日本人の感覚はまだ身についていない。わかりはしても、日本の感覚では話せない。「……させていただきます」なんて、なぜ言うのか？　そういう表現が、頭に浮かんでこない。単純に「……します」と言えばいいのに、なぜそんなことを言う必要があるのかと思ってしまいます。

翻訳に想像力は不可欠

最初に翻訳したのは、たぶん震災直後のことで、行政から市民への情報です。今もそうですが、日本語と英語の間で困ることがある。その時は被災者のための住宅、仮設住宅のあとに引っ越すところを表す言葉に困った。

「復興住宅」だったら、まだわかるんですよ。「受皿住宅」ってわかる？　被災者を受け入れるための公営住宅ですが、いきなり「受皿住宅」とだけ言われても、何のことかわからない。とくに行政が、プロジェクトとか何かを立ち上げるようなときには抽象的な表現が多くて何が言いたいかわかりにくい。

また、阪神・淡路大震災後に日本でよく使うようになった言葉といえば「まちづくり」。この言葉には本当に悩まされた。「まちづくり」は、人によって意味が変わる。都市計画でもある。場合によっては、住民のコミュニティづくり。それぞれ別の言葉を使ったらいいのに、そうせずに「まちづくり」と言うので、何の話をしているのかわからない。行政が自分たちの情報を、もうちょっと住民にわかる言葉にしていたら、もっと翻訳は楽だったと思います。

ＦＡＣＩＬ：できあがった英訳を見て「そういう意味だったのか」と日本語原稿よりわかるときがあります。

翻訳者も苦労してるよ。想像をしないと。想像力がないと翻訳はできません。想像力が非常に大切。

神戸市長田区にあるFMわぃわぃで英語番組Sound Wavesのパーソナリティを務めていたころ

多言語センターFACILとの出会い

まず、たかとりコミュニティセンターにあるFMわぃわぃとの出会いがありました。FMわぃわぃの金千秋さんと小学校のPTA役員をやったことがきっかけです。金さんの息子とうちの息子が同級生だった。金さんはFMわぃわぃでいろんな活動をしていて、Sound Wavesという英語番組を担当する人が急に必要になった。金さんは小学校のPTAのときからわたしのことを知っていたから、その番組をやってくれないかと。最初は「英語が話せれば誰でもラジオ番組ができるわけではない」と断ったけれど、「困ってるから、ちょっとやってよ」と。それが、たかとりコミュニティセンターとのつながりのはじまり。

FACILが翻訳のサービスをはじめて日本語から英語への翻訳が必要になり、同じたかとりコミュニティセンターの中にあるFMわぃわぃにいたものだから「やってくれないか」と言われました。「できるかどうかはわからないけど、やってみる」という感じですね。

当時まだあまり日本語が読めなかったのですが、訳さないといけない。どういう意味かと妻に聞きつつ、自分でも必死に読もうとがんばりました。

それから、いろいろな翻訳をFACILから依頼されましたが、CLAIR（一般財団法人自治体国際化協会）の多言語生活情報の翻訳は半端なくたいへんだった。日本社会の生活に必要な制度が保険とか全部の情報が入っている。あれは何ヶ月もかかった。日本独特の制度もあるから、しんどかったよ。でも、わたしにとって幸いだったのは、（最初にその翻訳を請け負ったのがFACILだったので）わたしがはじめての翻訳者だったこと。自分なりに、自分が理解していることを、自分の表現で翻訳できたからよかった。

同じ言語でも翻訳者によって、翻訳の仕方、表現、使う言葉は、みんな違う。とくに英語の場合は、アメリカやイギリスで微妙に違う。それから五年後だったか一〇年後だったかの情報更新に合わせて翻訳するときに、別の翻訳者[17]の手が入りましたね。

情報更新の翻訳で困るのは、表現を以前の翻訳に合わせないといけないこと。自分の表現、自分が使っている言葉ではないから、いらいらする。日本語原稿がまっさらな状態で一から自分が翻訳するのだったら、苦労はするけれど訳しやすい。制度改正とか、情報更新という翻訳は結構ありますね。その場合、もとの英語に合わせないと読む人はぎこちなさを感じる。

たぶん日本語でも、例えば文章の中に、別の人の書いた文があると「え?」と、何かぎこちないというか気持ちが悪いでしょう。だから、なるべくもとの文章に合わせて訳す。翻訳の仕事は苦労が多いよ。まあ、それもひとつのチャレンジだからね。

でも、自分の翻訳がいちばんだとはまったく思っていない。自分の翻訳は、自分が訳したものだというだけ。場合によっては、他の人の翻訳を見ると、これはすごい、うらやましい、こんな翻訳ができるなんていいなと思うこともあるよ。自分の翻訳は、本当に未熟だと思うことがあります。

仕事をしていくなかでだんだん慣れてできるようになってくることもある。例えば戸籍の翻訳。FACILは地域密着で個人の翻訳を頼まれるけれど、あれには独特の言葉がある。(届出を役所が)「送付」したりとか「受理」したりとか。「なんのこっちゃ⁉」と、はじめはさっぱりわからなかった。まあ二、三年もやったら、こういうものだとわかるようになった。同じような内容であれば、だんだん慣れてくる。昔は三、四時間かかったものを今は三〇分でできる。でも、今でも間違いはいっぱいあるよ。

英字新聞にも積極的に投稿。住民としての視点が編集者からも好評

もともと書く仕事は、嫌いではない。日本に来て読売の英字新聞を取ったら、読者が日本での体験を書くコーナーがあった。日本に来て半年ぐらい経って自分個人の体験を投稿したら、それからちょこちょこ新聞に載るようになった。

トピックとしたのは日常生活の出来事ばかり。例えば、はじめて書いたのは、そのときに住んでいた地域の小学校での話。英会話の仕事は夜のほうが多かったから、昼間はよく近所を散歩していた。小学校の前を通ると、小学校二、三年生の子が泣いていて。そのときは日本語を話すことができ

17 競争入札制度のため、一時ほかの翻訳会社が担当したことがあった。

なかったから、どうすればいいかわからなかったけれど、その子のことを考えて「どうしたの？」と言ってね、いっしょに学校に入っていった。そんな小さな体験です。いろいろなことを書いて、その新聞とのつながりもできた。

ブックレビューもかなり長く、五、六年続けたよ。日本社会のことが書かれた英語の本をレビューして投稿する。いい本、おもしろい本がいっぱいあった。日本の警察についての本とか、柳田國男の『遠野物語』とか、柔道の嘉納治五郎の教えとか。

そのうち、ある編集者とつながりができて、本のこと以外にも「日本で家を買うときはどうすればよいか」といった記事も書いた。自分で書いて送ったら、これはおもしろいと新聞に載せてくれた。だからＦＡＣＩＬの翻訳をする前から、ものを書くのは決して嫌いではなかった。

たとえ言葉がわからなくても失敗を恐れずに挑戦しよう！

わたしの翻訳の強みというほどではないけれど、わたしは日本に住んでいて、ふつうの日本人と同じように暮らそうとしている。他の外国人とは、ほとんど接したことがない。日本にいる日本人と同じ暮らし方。だから子どもの学校のＰＴＡに入ったり、地域の自治会に入ったり、震災後はまちづくり懇談会に入ったり。いろいろなことで地域に関わってきた。

だいたい日本のＰＴＡは会長だけ男性で、あとは女性ばかりですね。わたしは子どもが幼稚園のときからずっとふつうのＰＴＡの役をやりました。一年だけ中学校のＰＴＡ会長になりましたが。

言葉がわかっている、わかっていないというより、とにかくいっしょにいることが大事で、別にわからなくても何とかなるよ。なぜみんなが「日本語がわからないから」と参加しないのかわからない。入ったらそのうちわかるようになる。入らなかったら、いつまでもわからない。

妻は日本人なのでときどき、「ちょっと言葉に気をつけなさい。あんなこと言ったらあかん。あの言い方はあかんよ」と注意される。

でも、わたしの場合は見た目ですぐ外国人とわかる。だから日本語がうまくできなくてもまわりがちょっと甘く見てくれたりして、それがわたしには楽ですよ。日本語が完璧にできるとは誰も思わないので。

わたしの日本語は四〇年間、生活をしながら身についたもの。それだけ。勉強はしていない。翻訳もそう。溜息をつきながら何回も繰り返したら、できるようになった。最初はしんどい。初めての内容だったらちょっと難しいから、場合によっては断ることがあります。正直にこれは自分には無理だと断ります。ちょっと頑張ればなんとかできるというものは、とりあえず引き受けて、失敗しながらでもやる。

それで、「このぐらいできるのだったら、また同じような内容だからファーレルさんならできる」と繰り返し依頼してくれて、だんだん上達していくような感じです。

わかりやすい日本語原稿が、伝わる翻訳のカギ

行政には住民に対する情報は、住民がわかる言葉で書いてほしい。なぜかわからないけれど、日本では新しい制度を作る国家公務員だとか、行政の賢い人たちは難しい言葉を使って文章がややこし

い。

本人たちはすべてわかっているからいいけれど、一般の住民からすると何が書いてあるかわからない。だから、もとになる文章は難しくても構わないとしても、住民に届くものは住民が読んでわかるように書いてほしい。制度を何回も改正すると、ますますわからなくなってしまう。

日本語で困るのは、例えば「田中さん」と書いてあるとき。「さん」だと男性か女性か、読むほうにはわからない。英語では男性、女性で表現が変わるし、代名詞が he か she か、文章全体につながってくる。日本だったら身内の場合に「田中に連絡してください」なんて言うけれど、英語ではありえませんよ。ちゃんと Ms. とか Mr. と言わないと非常に無礼です。英語圏の人に「田中に連絡してください」のように言ったら、えらく怒られるよ。

他には単数と複数。日本語で「子どもがいる」と言われても、何人かわからない。英語だと child（一人）か children（複数人）か区別する。

翻訳でこういうことになると、例えば人の性別がわからないときはＦＡＣＩＬにお願いして、できるだけ依頼元に確認してもらうしかない。単数と複数の場合は、文章の中で想像できることが多いから、自分で判断することが多いですね。間違えるときもあるけれど仕方ないと思う。

それから、英語の場合に困るのは、日本語の文章には主語がない場合が多いこと。だって英語は主語がないと文章が成り立たない。そんなときは、先にも言ったけれど、翻訳者の想像力を駆使して文章を読むということになるけれど、実際の状況がわからないからね。悩ましい。翻訳の面白いところでもあるわけだけど。

内容を本当に理解しないと翻訳できないから、翻訳の仕事のおかげで日本の社会がわかってきた。翻訳を通して、教わったことはいっぱいある。

「英語を母語としない人」のために英訳する

英語の翻訳の場合、他の言語の翻訳とは違う面があります。とくに、行政情報を翻訳するときに気をつけているのは、それを読む人の多くは、英語が自分本来の言葉ではないということ。だからある程度、誰でもわかるシンプルな英語で訳す。英語の文章を読む力がそれほどなくてもわかりやすいように。自分の言語では情報がなくても、英語では情報があって、英語ならちょっと読めるくらいの人にもわかる。そんな英語で翻訳しようと。

FMわぃわぃでわたしが担当していた英語番組Sound Wavesもそうだった。ネイティブの人向けよりも、ゆっくりした英語で話していた。FMわぃわぃはコミュニティ放送だったので電波が届く地域は限られていて、その地域住民で英語圏の人はほとんどいない。たぶん聞いているのは日本人か、そうではない人でも英語が第二言語の人。ふつうの英語のスピードだとわからないだろうから、ちょっとゆっくりね。

翻訳もそういうふうに考えた。英語が母語の人だけのためではなくて、英語はちょっとわかるという人にも読めて、理解できるように心がけて訳しています。

わたしの英語能力からすると、それしかできないということもある。先ほど、「こんなすごい翻訳ができたらいいなと思わせる人がいる」という話をしたけれど、自分はそこまではできない。だからシンプルな翻訳しかできない。

それが逆に、英語があまりできない人でも読めるように伝えることにつながったのかもしれない。

国や文化が違っても一緒に生きていくために

外国人はふつうに日本の社会にいられたら、それでいいんだよ。生活上では、別に日本人、外国人と区別する必要はない。そんなことしないで、国籍や文化は違っていても、いっしょに暮らさないと。お互いにある程度譲りあって、まあまあまあ……とやっていかないと、社会がおかしくなるよ。「なんだ、これは!」といらいらしても、ストレスが溜まるだけ。「ちょっと話しましょうか」という態度でないと。それがだんだん少し自信を持つというか、気楽に話そうとするようになる。

もう一つ大きな違いは、日本に住んでいる外国人で、日本語を話せる人が多くなった。昔は、外国人には自分たちの社会があって、日本社会とあまり関わっていなかった。今の若い人は日本に来る前に、日本語を一生懸命勉強している。びっくりするよ。自分の国で日本語をしっかり勉強して、日本のこともよく知って日本に来ている。日本語教育が世界で広まっている。

だから日本人にとっては、外国人がそれほど珍しいものではなくなっているし、外国人が日本語を話せると安心感がある。なかにはできない人もいるけれど、気持ちは楽になっている気がする。

最近は技能実習生も日本に来るし、留学生も多くなっている。留学生は日本の社会で仕事をしたいし、日本の会社にとってはいい人材だから、外国人がいる会社が増えてきている。

日本の社会が求めている面もある。昔はそうではなく、外国人は「よそもの」みたいだった。もう珍しくはなくて、「そこにいる」からでしょう。場合によっては、外国人がいると困ることもあるとは思いますよ。

例えば学校の場合。特に子どもの両親が二人とも外国出身で日本語がわからない場合は、先生や学校は困っている。子どもも困っている。でも、保護者のうち一人でも日本語が話せたら、そんなに問題はないと思います。

外国人が、だんだん日本語や日本社会を理解してきているので、日本社会からしても外国人がそう珍しくなくなったし、日本語もわかって話ができるということで安心感があるような気がする。わたしはそう思うけれどね。

変わりつつある日本人の意識

このまえ、入管（出入国在留管理庁）でスリランカの方の問題[18]があったけれど、日本の報道がこんなに取り上げるとは。たぶん三、四〇年前だったら表に出なかったと思いますよ。日本の報道は、日本に住んでいる外国人の抱える問題をいろいろ取り上げているよ。最近の特集番組でも、技能実習生のことを真剣に取り上げていた。

だから日本の社会には、日本に住んでいる外国人のことを何とかしようとしている人が多くなっている。

また、NPOが非常に増えてきた。FACIL（一九九九年設立）も、この地域では三〇年近い

18　二〇二一年三月六日にスリランカ女性ウィシュマ・サンダマリさんが名古屋の入管施設で死亡した事件。

ですね。そのときはＮＰＯがほとんどなかった。それが今は日本中にＮＰＯがあるし、日本にいる外国人を支援するＮＰＯも多いよ。昔は神戸、大阪、横浜などの都市にある国際交流協会というと、集まって「日本語を教えます」「アメリカはどういう国ですか？」とか、そういったことだけだったでしょう？　なかよしクラブみたいなね。

今は、そうした団体も必死です。日本人は外国のことをできるだけ理解しようとするし、そのまちに住む外国人がどうしたら安心して暮らせるのかと必死でやってるよ。横浜のホームページを見たら医療とか教育も立派。翻訳で関わったこともあるけどね。三〇年前とは全然違うよ。

長年日本に住んでいると変化がわかる。わたしからしたら住みやすくなっている。外国人として日本でふつうに暮らすのには、とくに違和感がない。まあ、気持ちのうえでの話ですよ。

日本語はたしかに身につけないといけない。日本語はできないと困るので、できるだけ早くできるようになるほうがいい。書くことは名前と住所ぐらいできれば、生活の中ではほとんど必要ない。できれば、漢字も少しは。書けなくてもいいけれど、読むことは難しいことまではできなくても、読めないとわからないことが多いから必要。あとは会話。

だから日本人といっしょにやったらいいよ、別に難しいことはない。

タガログ語翻訳・通訳者　林田マリトニさん

プロフィール

フィリピンのビサヤ諸島生まれ。フィリピン大学農学部に在学中に、日本から駐在員としてフィリピンに滞在していた現在の夫と知り合う。大学卒業後に結婚し、来日。

フィリピン人コミュニティでの活動や、司法や行政機関で、翻訳・通訳者としてキャリアを積む。現在は翻訳・通訳者として活動しながら兵庫県内の国際中等教育学校の教師としても活躍している。

おもにタガログ語の翻訳・通訳をしていますが、家族がビサヤにいるので、わたしが最初に話せるようになったのはビサヤ語です。ビサヤ諸島にはいろいろな言語がありますが、わたしの言語はイロンゴ語[19]です。

一〇歳のとき、タガログ語を話す首都マニラに引っ越しましたが、母は亡くなるまでタガログ語を話そうとしませんでした。絶対に必要なとき以外、家のなかではずっとイロンゴ語でした。その

19　フィリピンのイロイロ州や西ネグロス州、コタバト州で使われている。

おかげでわたしもイロンゴ語を忘れませんでした。ですので、ときどきイロンゴ語の通訳の依頼を受けることもあります。

フィリピンの学校教育はタガログ語で行われるので、そのときにタガログ語を身に付けました。

日本人の夫と出会い結婚、日本へ

わたしの場合、日本語を勉強したくてしたわけではありません。夫と知り合うまで日本に興味はまったくありませんでした。夫は英語が話せたので、日本語でコミュニケーションをとることもありませんでした。もし夫と出会わなければ、まったく違った人生になっていたと思います。日本に来ることもなかったでしょう。

大学生のころ、ラグナの木彫り工場の皆さんと（前列右から二人目）。ラグナ州はマニラ首都圏の周辺州で、現在は自動車工業が盛ん

夫と会ったときはフィリピン大学の農学部に通っていました。

フィリピン大学はマニラなどさまざまな都市にキャンパスがあり、農学部のキャンパスはラグナ州ロスバニョスにありました。

実家がサトウキビを育てていたので、大学でサトウキビの研究をしていました。漁業関連の学科も同じキャンパスにあり、そこで夫と知り合ったんです。わたしが大学三年生、一九歳のときでした。

大学を卒業してすぐに結婚しました。当時、夫はフィリピンを拠点に、マレーシアやシンガポールなど東南アジアを飛びまわっていましたので、結婚後一年半ほどはフィリピンで生活しました。生活の拠点を日本に移すと決まったときに、夫に「日本語を勉強したほうがいいよ」と言われました。そのときは「あ、そう」と思っただけでした。今から思えば日本での生活を甘く見ていたんでしょうね。

日本に来たのは一九八三年の夏、二二〜二三歳のころです。

夫はエビを輸入している水産会社で働いていました。奄美大島にエビ養殖の研究所があったので、わたしが最初に来たのは奄美大島でした。ですので、最初に覚えた日本語は奄美大島の方言です。そのころ、日本語の教科書は小さなポケットブックのようなものしか持っておらず、それを使って勉強しました。

米日後、最初に住んだ奄美大島にて

奄美大島での滞在は数ヶ月だけで、一〇月には大阪の枚方《ひらかた》へ来ました。枚方で息子が生まれました。四〇年前の枚方は今よりも田舎で、近所にフィリピン人はおらず、その他の外国人も少なかったです。妊娠したときには、家から病院までバスでかなり遠くまで通わなければなりませんでしたが、その病院の近くにフィリピン人が住んでいたんです。その人

20　当時のフィリピンでは中学校と高校の区別がなく中等教育は四年間で、一般的に大学入学時の年齢は一六歳だった。

が、日本に来てから初めて知り合ったフィリピン人でした。その人は、子どもはいませんが日本人と結婚していました。

神戸へ転居、フィリピン人コミュニティで仲間をサポートする日々

五年ほど枚方に住んだあと、夫の仕事の都合で神戸に引っ越してきました。神戸に来てびっくりしました。フィリピン人だらけでした。カトリック神戸中央教会にもフィリピン人がすごく多かったです。それからフィリピン人の知り合いが増えました。

フィリピン人はお互いに協力し合うことが多いです。フィリピン人だけではなく、他の外国人もそうかもしれません。例えばベトナム人もそうですが、同じ国の出身者が固まって、仲間を助けながら一緒に行動しますよね。フィリピン人も同じです。助け合って生活しています。仕事をしに来ている人が多いので、プライドが邪魔をすることもなく、まわりに助けを求めることができるんです。ときどき、「それくらい一人でできるでしょう」と言いたくなるときもありますが。

神戸に引っ越してきた当時、カトリック神戸中央教会にフィリピン人のコミュニティが二つありました。そのうちの一つがルスビミンダという団体で、わたしも入っていました。

メンバーは日本語があまり得意ではなく、郵便局に行くだけでもついてきてと言われました。郵便局のATMは英語に対応しているから、言語選択のボタンを押せばよいだけなのですが、それもわからないのです。

みんな細々したことで苦労していました。例えば、水道料金の手紙が届いても内容がわからな

家族写真：神戸の自宅にて

いから、わたしのところに見せにくる感じでした。日曜日は教会のミサがあるので、わからないものは日曜日に持ってきます。これはこう書いてある、これはああ書いてある、と教えてあげるのです。

病院について行ったり、フィリピンに荷物を送りたい人を郵便局へ連れて行ったりしました。例えば、「今、何してる？　お金をおろせないから、一緒に来てほしい」と携帯電話で連絡がくるわけです。わたしは交通の便がよいところに住んでいるので、付き添うことが多かったです。そのときは仕事をしていませんでしたから。

この間もあるフィリピン人が、ボイラーが故障して冷たい水しか出ないと言うのです。冬でしたが管理会社に電話することもできず「どうしたらいいの？」と困っていました。

わざわざ相談窓口に電話をかけるほどではない、小さいトラブルが起こるとわたしに相談がきます。

「ボイラーが動きません！」とわざわざＨＩＡ（兵庫県外国人県民インフォメーションセンター）に相談しない

ですよね。

その人のマンションまで行きました。冬にお湯が使えないと困りますから。そういう時はお礼にごちそうを作って待っていてくれるんです。フィリピン人はみんな同じ考えで、まわりの人のためによく料理をふるまうので、わたしも太っていくばかりです。

知らない人でも、見た目でフィリピン人だとわかるので、見かけると声をかけます。顔が似ているので、たまに台湾やマレーシアなど東南アジアの人と間違えることもありますが。電車で数人で会話していると言葉でフィリピン人だとすぐわかるので、声をかけます。もう日本に住んで長いですし、日本文化に染まっていますが、わたしはいまだにフィリピン人がいるだけで、「フィリピン人だ！」と気持ちが高まります。連絡先も交換します。フィリピン人にはそういう文化があります。

生活のなかで覚えざるをえなかった日本語

日本語に関しては、覚えるしかなかったという感じです。夫が朝仕事に出かけ、帰ってくるのは夜でしたから、日本語がわからなければ生活できません。フィリピンから持ってきた小さなポケットブックで勉強をはじめました。

夫が忙しく、わたしが日本語がわからないのに家のことを全部やらなければいけなかったのです。ビザの更新も初回以外は全部一人でやりました。子どもの学校のことも、幼稚園などの手続きもすべて自分でしました。

もちろん、友だちや近所に住む同級生のお母さんたちが教えてくれることもありました。しかし、いつも誰かに迷惑をかけたり、お願いしたりしないと何もできないような生活は嫌でした。例えばスーパーへソースを買いに行っても、ソースの種類が多すぎて、「わからない！」という感じでした。生活のなかで少しずつ日本語を覚えていきました。

息子が保育園に行くようになり、毎日の子どもの様子など、書いて提出する機会がたくさんありました。わたしは日本語が書けなかったので、ひらがな、カタカナを勉強するようになりました。勉強したかったわけではなく、生活で必要だから勉強したんです。最初はひらがな、カタカナを使って変な日本語で書いていましたが、保育園も一応理解してくれていました。

息子が幼稚園に入ると、プリントに苦戦しました。予定表や、「これは何？」というようなものがあって、「読めない！」という感じでした。夫は仕事から帰ると疲れて書類を読んでくれないので、あてになりませんでした。後で読む、と言ってそのまま寝てしまうこともありました。

それがきっかけで漢字の勉強へ進みました。子どもが小学校に上がるまでに、子どもよりもわたしのほうが日本語を読めるように頑張りました。フィリピンから持ってきたポケットブックはアルファベットで書いてあって漢字がありませんでしたから、本屋にある子ども用のドリルを買いました。ゼロからの勉強でした。ひらがな、カタカナからはじめました。

夫は時間がなく不在がちで、子どもたちが小学生のときも、運動会には一度しか来なかったんです。息子の高校の卒業式も、大学の入学式も来られず、全部わたしに任せきりでした。わからないことも多かったですが、「わたしが成長しなくちゃいけない！」という感じがありました。

他の家庭では、全部パートナーがやってあげているという印象を受けます。うちは違いました。

家の購入もすべてわたし一人でやったんですよ！

わからないからと諦めれば何もできません。甘えずに一人で頑張ったことで日本語の上達につながったと思います。他の家庭を見ていると、パートナーに頼んでばかりだと何もわからないままと感じます。

これまで日本で二回引っ越しをしました。水道を止めて、引っ越し先で開栓してもらうことも最初は知りませんでした。夫が何もしないおかげで、学ぶことができました。

翻訳・通訳の世界へ

翻訳・通訳の業界に入ったのは、神戸に引っ越して、阪神・淡路大震災のあとでした。警察でフィリピン人の通訳者が足りなかったことがきっかけでした。フィリピン領事館から仕事の紹介がきたんです。

タガログ語の翻訳・通訳ができる人材はすごく少ないです。日本での生活が長い人も多いのに、まわりには数名しかおらず、「なぜかなぁ」と思います。例えば家政婦や外資系企業勤務など、仕事で英語が使えると、そもそも日本語を覚える必要がありません。

また、日本人と結婚したフィリピン人女性も多いですが、覚えようとしても、自己流だとおかしな日本語になってしまいます。

わたしも日本語学校には通わず自分で勉強したので、子どもに「ママ、違うでしょ」と言われることがあります。それに日本語からタガログ語や英語へ訳すのはよいのですが、日本語には苦手意識があります。だからタガログ語から日本語への訳出が苦手です。

そのときは「わたしにできるわけがない」と思いました。領事館がなぜわたしを紹介したのかわかりませんが、わたしの日本語の評判が高かったようです。びっくりしました。

兵庫県警には通訳センターがあります。警察の人がやって来て、近所の人にわたしがどんな人間かを聞いたらしいです。わたしたちは引っ越して来たばかりでしたが、住んでいた部屋の管理人も話を聞かれたようです。日本人の妻なのでビザの問題もありませんでしたが、おそらくそういうことも質問されていたと思います。あとから「警察がマリトニさんのこと聞きにきたよ」と聞きました。

フィリピン人の通訳は、入管法の違反が多いんです。オーバーステイですね。一度経験したら、あとは似た案件ばかりでした。最初は警察からの通訳の依頼で、翻訳はしなくてよかったので、こなすことができました。

それから何年か経って、今度は裁判所から依頼を受けました。やってみないと、どんな仕事かわからないので、経験してみようと思いました。

裁判所の仕事は、冒頭陳述などの翻訳をしなければならず、すごく苦労しました。慣れさえすれば似た内容の書類が多いのですが、法律関係の書類で使われる字は難しいですから、読めない字もあれば、意味が全然わからない字もありました。しかし、そこからの成長はすごく速かったです。読み書きがとても速くなりました。

裁判までにすべて翻訳しなければいけません。資料がなければ困るのは自分ですから。漢字を調べながら同時に覚えていきました。だから、小学生の漢字からではなく、難しい漢字から覚えていったんです。冒頭陳述で使われるような漢字を学ぶのは頭が痛かったです。

また、弁護士からの資料も難しかったです。だいたい印刷したものをもらうので読みやすいですが、年配の弁護士からの資料は手書きの場合もありました。手書きの文字は崩れていて読みにくく、夫に手伝ってもらうこともありました。

印刷されていれば調べられますし、時間がかかっても自分で取り組むことができます。しかし、簡単なはずのひらがな、カタカナも手書きでは全然読めないこともありました。「に」と「こ」など、字が崩れてどちらかわからないのです。だから資料が手書きの弁護士と働くのは嫌でした。

裁判の仕事をはじめてからの漢字の読み書き能力の成長は大きかったです。でも、漢字を覚えるのは大変ですよね。「覚えては忘れる」の繰り返しでした。

パソコンで翻訳するので、実際に書くのはとても苦手です。パソコンには予測変換があり、選択肢を出してくれるのですごく助かります。

このようにして、何年もかけて字を覚えました。今でも自信はありませんが、仕事を通じて成長を続けていると感じます。外国人はみんなそうだと思います。

阪神・淡路大震災のあとに、フィリピン人コミュニティ「ルスビミンダ」に他の県から救援物資がたくさん届いたんです。救援物資センターのようなものをつくり、わたしはポートアイランドで物資を仕分けていました。

そのときにカトリック神戸中央教会からいろいろな翻訳をお願いされました。そのつながりで、

阪神・淡路大震災後、さまざまな市民活動が生まれた。FACIL の姉妹団体ワールドキッズコミュニティのイベントで話すマリトニさん（中央）

ＦＡＣＩＬの依頼も受けるようになりました。当時はまだＦＡＣＩＬと呼ばれていませんでしたね。しばらくして、多言語で放送するＦＭわぃわぃもできました。みんなで協力して、こうした団体の活動をしてきたんです。

夫が倒れ、フルタイムの教師へ転身

翻訳・通訳の仕事をはじめましたが、フルタイムではありませんでした。そんななか、夫がくも膜下出血で倒れ仕事ができなくなりました。一四年前のことです。だからわたしがフルタイムの仕事を探すことになりました。そして、国際中等教育学校での仕事を吉富さんに紹介してもらい、無事採用されて今に至っています。

ですので、今は翻訳・通訳の仕事は週末に集中的にやるようにしています。平日の夜はできるだけ翻訳をしたくありませんし、できても一、二時間ほどなので。納期が短い依頼は、週末しか時間がないため断らなければならないこともあります。

職場は中高一貫校で、同僚には外国人が多いです。毎年約八〇人の新中学一年生が入ってきますが、そのうち三〇人が外国人枠、三〇人が帰国子女枠、残りの二〇人が一般枠です。日本語ができない子が六〇人近くいるということです。帰国子女の子たちも、漢字が苦手な生徒たちが多いです。

わたしの担当は英語とタガログ語です。フィリピンルーツの子が多い学校なので、担当生徒数がとても多いです。子どもたちはもちろん、保護者の対応も行います。すべてのプリントやテストを翻訳します。五教科のうち、国語以外は対応します。英語は問題がない生徒が多いですが、数学、理科、社会は通訳をしながら生徒たちと一緒に授業を受けます。

同じ業務をしている先生も結構います。ポルトガル、スペイン、フィリピン、韓国、中国、ネパールの担当がいます。各担当の先生につき生徒は一、二名の場合が多いですが、中国の生徒が多いため中国語は三人担当しています。わたしは一人で七、八人担当しているんですよ。英語の生徒も多いですし、フィリピンルーツの子も担当しているので多くなります。

この学校は英語が特徴的で、レベル別で五クラスに分かれています。英語がネイティブの生徒が多く、その生徒たちはいちばん上のクラスです。英語担当の先生は人数が多いですが、翻訳・通訳はできないようです。だから、わたしは自分の担当生徒に関する業務以外の仕事もします。例えば、留学のための書類もわたしが担当しています。

二言語に対応するのは大変ですが、英語とタガログ語の組み合わせは仕事がしやすいです。フィリピンでは教育が英語で行われますから、テストなどの翻訳はタガログ語ではなく英語のみでよいのです。保護者用のプリントも、タガログ語だと慣れていないので逆に読みにくいと感じます。

しかし、英語を話すのはあまり得意ではない生徒もいます。そういう生徒にはタガログ語で対応します。中学一年生から外国語の選択科目があり、タガログ語の授業も行っています。中学一～三年生のタガログ語はわたしの担当です。だから仕事は結構ハードです。通訳として同席する授業も、自分が教える授業もあるので忙しいです。それに、教材が揃っている言語もありますが、タガログ語はありません。だからすべて一からつくる必要があります。自分でつくった資料を少しずつ改善しながら使用しています。

成長の源――「自分がするしかない」状況と強い意志

ある日突然、夫が倒れて身体障害者になったわけですが、そのときもわからないことばかりでした。自分で調べ、役所に行って聞くしかありませんでした。

例えば、障害者手帳がもらえる障害認定日まで一年半かかると知り、なぜそんなにかかるのか聞きにいきました。治る見込みがあるか確認するため、一年半経過を見なければいけないと言われました。何をしても治らないのにそれはおかしいと思いました。お医者さんにマヒはもう治る見込みがないと話してもらい、結局半年で受けとることができたんです。

そのあとすぐに障害年金を申し込みました。すごい書類の山で、毎晩広げて格闘しました。経緯もすべて日本語で書かなくてはなりませんでした。しかも、わたしの苦手な手書きでした。日本語はわたしにとって外国語ですし、とても苦労しましたが頑張りました。

「わたしがするしかない」という強い意志があるからできたんです。

日本に来てから自分がするしかないという状況なので、何でもしました。日本人はやさしいので、わからなくても説明してくれます。言葉がわからない人に対してここまでのやさしさはないと思います。だからここまでやってこられたし、自分の成長にもつながったと思います。

中国語翻訳・通訳者　謝 沛睿さん

プロフィール
中華人民共和国山西省太原市出身。大連外国語学院で日本語を学んだのち来日。神戸にある流通科学大学で観光学を学ぶ。神戸にあるFMわぃわぃで中国語番組を担当したのが縁となり翻訳・通訳者としてのキャリアをスタートさせる。現在は貿易関連の会社を経営。

就職に有利かな……日本語を学びはじめたきっかけ

二五年前に、中国の地元で日本語を勉強しはじめました。そのときは単純に、「日本語ができれば仕事が見つけやすい」と思っていたのです。はじめてみると、もっと勉強したいと考えました。出身は、山西省太原市（省都）です。地元は田舎なので都会に行きたいと思い、日本語を勉強できる学校を調べました。大連外国語学院で日本語を勉強して、日本に行きたくなりました。まわりにも日本に行く人が多かったので、自分も行ってみたいなと思ったのです。

その当時、外国に行くことが、中国でも自由になってきたように感じました。（外国に行けば）親が近くにいないですし、干渉されることもなく、やりたいことがあれば何でも自分で決められる。近くにいたら、親から「こうしたほうがいい」とか「ああしたほうがいい」と言われるので、外国に行って自由になりたいという気持ちもありました。それで日本留学を考えました。

テストを受けて決まったのが、金沢にある大学でした。日本語と日本文化を学ぶ一年間のコース。そのまま日本に残ってもいいし、中国に帰って就職してもいい。そのコースが終わったあと、関西に来たのです。一年間だけでは、まだ日本のことをわかっていなかったので、もっと落ち着いて大学で勉強しようと思い、どの大学がいいか考えました。

そのころ、世界中でどんどん人の交流が増えていたので、将来は旅行関係の仕事に就くのがよいかと思いました。昔は衣食住が大事でしたが、生活が豊かになってきてから人びとの意識も高くなり、いろいろなところを見てみたい、行ってみたいということにお金を使うようになってきました。そんな時代背景もあり、これからは旅行や観光の分野がよいのではないかと考え、勉強してみたくなりました。

神戸に住みたい！

当時、観光が学べる大学として関東と神戸にある大学二つが候補に挙がりました。神戸のほうは新しく観光学科ができたばかりで、面接を受けるために神戸に来ました。そのとき泊ったのが神戸ポートタワーホテルで、目の前にポートタワーが建っていました。当時のハーバーランド[21]は今のように整備されていませんでしたが、それでもとてもきれいでした。そして南京町（中華街）もぶらぶらしているうちに神戸がすごく好きになりました。親近感が自然に湧き上がってきたのです。

神戸に魅了されて、ほかの学校のことは一切考えられなくなりました。そして大学への入学が決まり、晴れて神戸に来ました。

来日当初の日本語レベルとしてはN2[22]ぐらいだったと思います。でも「教科書で勉強した日本語」だったんですよ。

実際に北陸地方の人と話すと訛りや方言があって、違和感がありました。アルバイトをすると生活用語のような言葉を習うこともできて勉強にもなるかなと仕事を探しました。金沢に着いて五日目ぐらいに料理屋さんの仕事が見つかりましたが、やっぱりあんまり聞き取れないんですよ。話すスピードが速いのと、教科書で勉強した言葉とは違うので、聞き取れないことが多く、慣れるまでに二ヶ月ぐらいかかりました。

神戸でラジオパーソナリティや翻訳ボランティアも経験

はじめて翻訳したのは二〇〇二年ぐらいかな。当時、神戸留学生会館に住んでいました。二階に国際交流センターがあり、留学生は暇なときはみんなセンターに行ってくつろいだり、職員と話したりしていました。確か「協力してくれないか」と言われて、国際交流センターのイベントのポスターとかチラシの翻訳をしたと思います。

それから、ある日、FMわぃわぃのチラシがそこに置いてあって、「中国語のスタッフやボランティアを募集しているそうですよ」と聞いたんです。おもしろそうだなと思って、FMわぃわぃに行

21 兵庫県神戸市中央区の再開発地区。
22 日本語能力試験の認定レベルで上から二番目。

ＦＭわぃわぃの中国語番組「華声」のメンバーとして活動していたころ

きました。それから番組をいろいろと手伝うようになりました。

ＦＭわぃわぃの金千秋さんから、「翻訳の仕事がありますけどやりますか？」と声を掛けられました。それがＦＡＣＩＬの仕事でした。最初はごみの分別の仕方の翻訳だったと思います。あとはインフルエンザが流行していたときで、その関連の翻訳もあったと思います。けっこう昔ですね……。ＦＡＣＩＬは医療通訳の事業もしていて、僕も通訳をしたことがあります。そのときはもう大学を卒業して仕事に就いていたので、翻訳や通訳の依頼があるときは、仕事と並行してやるようになっていました。

中国からの団体客の観光ガイドからＶＩＰ通訳まで経験

昔はまだ中国人が日本にたくさん来られるような時代ではなかったんです。だから来る人のほとんどは特別ビザとか、省のリーダーとか高い地位の人ばっかりだったのですね。そのときは旅行会社に勤めていたので、工場の視察などに同行して通訳しました。あとは観光関係者とか医療関係者に同行することも多かったですね。日本の病院でどんなことができるかなど、先進医療に関する視察もありました。

その後は中国人がたくさん日本に来るようになって、それからは観光案内の需要が増えました。爆発的にたくさんの中国人が来るようになって、観光ガイドの数も足りなくなり、会社で手が足りないときにいろいろな通訳に行きました。

よくあったのは教育ツアーかな。修学旅行みたいな教育旅行で七日間で日本をまわることもありました。バスガイドや通訳みたいな役割で、日本のことを教えたりしました。

若い子たちばかりで、みんな、僕よりも日本のことを知っていたと思います。マンガで覚えた日本（日本語や日本の文化）で、僕はほとんど知らないことばかりでした。そういう時代もありました。

手軽になった翻訳。しかしクオリティは伴っているのだろうか？

ＦＡＣＩＬ：翻訳や通訳をするとき、ただ自分が言いたいことを言う場合とは違うスキルが必要です。それは経験を積むなかで自然と身につけたのですか？

そうですね。やっぱり翻訳になるともっといい表現があるんじゃないかということを求めて、苦しむときもあります。だから、もっとよい、ぴったりくるような言葉はないのかどうかをいろんな人に聞いたりね。やっぱり自分が翻訳をしてきたなかで、いろんな言い方、そのニュアンスなどがわかるようになってきました。

中国語翻訳を担当した神戸・元町商店街のパンフレットを手に

最近、中国語の翻訳や通訳の仕事はたくさんあるし、翻訳者や通訳者もたくさんいます。会社でやっているところもたくさんあって、競争が激しくなっています。以前より悪くなっているのではないかと思うんですけど。料金も安くなっていると思います。たぶん依頼者は、「(中国人であれば)誰でも翻訳できる」と思っているんですね。料金の安さだけで選んで、実際にはそれほどできない(＝翻訳スキルのない)人に頼んでしまっているのではないでしょうか。

いろいろな翻訳を見ると、けっこう間違っている。観光地などに張られている翻訳を見たら、おかしいと思うこともあるし、機械翻訳だなと感じることもあります。「翻訳の正しさ」ということがあまり大事にされていません。中国人だから漢字を見れば大体の意味はわかりますけれども、でもやっぱり正しい翻訳にしてほしい。「ちょっと変」とみんな笑う。笑える程度ならいいかもしれないですけれど、やっぱり正しく翻訳されていたら「ちゃんとしている」と感じてもらえるから印象がいいと思いますよ。

印象に残ってるのは、東日本大震災関連の翻訳です。あのときは役に立ててうれしかった。内容も覚えていますよ。「おにぎりはどこにあるか」「お風呂がどこにあってどこで入れるか」「ラジオを配布しています」「余震があるかもしれないので気をつけてください」。

それから阪神・淡路大震災に関連した翻訳も印象深いですね。

悩ましい「遠まわしな言い方」

初めて日本に来て仕事を探したとき、電話で日本人が何を言っているかまったく聞き取れませんでした。僕は一生懸命聞くんですね。面接のこととか、時間とか……電話を切ってから「いったいどんな話だったのか」と考えこんでしまって。初めて聞く言葉が多かったし、緊張でさらにわからなくなって。あとでわかったことなんですけど、「遠まわしな言い方」だったんですね。日本人は「だめ」なこと（否定的なこと）をストレートに言わず、遠回しに言いますよね。ほかの国の人も同じように感じていると思います。だめなら「だめ」と、無理なら「無理」と言ってほしい。無理なら「無理」という一言で済むのに、いっぱい話をしてから、「やっぱり無理っていうことなのかな」と推測しなきゃいけない。

大学生のとき、（日本語で）文章を書く課題がありました。そこで、僕はわざと遠回しに書いたんですよ。そしたら先生がストレートな表現で書くようにすすめてきたので、「日本人は遠回しな言い方をするじゃないですか」と僕が反論すると、「はっきりとした文章のほうがいいです」と言われました。はっきり言うべきところと、遠回しに言うべきところが、あんまり区別できません。もう日本に来て二〇年になりますが……。

知り合いの日本人は、僕のことをわかってくれているので、向こうもはっきりと言ってくれます。

しかし、あまり知らない人に僕がはっきり言うと、相手から「はっきり言いますね」と驚かれることがあります。僕はその人を傷つけてしまったんじゃないかと心配になります。日本人は傷つきやすい人が多いなと感じます。そこが今でも慣れないところなんですよ。遠回しな言い方をしなきゃいけないのがちょっと大変です。

たぶん「文化が違う」ということですね。わかるけど、でもやっぱり遠回しな表現でのやりとりは疲れるし、シンプルが一番いいと思います。

ベトナム語翻訳・通訳者　ハー・ティ・タン・ガさん

プロフィール

一九六二年、ベトナム南部ベンチェ省生まれ。一九八一年に難民として日本へ。神戸に転居後、阪神・淡路大震災で被災。鷹取救援基地で行われていた炊き出しボランティアに参加し、ベトナム語翻訳・通訳者としても活動をはじめる。現在は神戸定住外国人支援センターで介護の仕事にも従事している。

ベトナム戦争後、インドシナ難民として日本に亡命

日本に持ってきた家族の写真（次ページ）です。最後列左が父で隣が父の弟。うちの家族はこのうち半分で、半分は父の弟の家族。たぶん一〇歳ぐらいのころ。九人家族だったけれど、兄がここにはいなくて八人しか写っていない。この後にまた三〜四人ぐらい生まれたから、どちらの家族も一〇人以上ね。いま、きょうだいはアメリカ、ベトナム、日本に三人ずつ住んでいます。

うちの家族は三回にわけて時期をずらして亡命していて、日本に来たのはわたしを入れて、二回目と三回目に亡命した家族です。兄は一回目、一九八〇年に船に乗って亡命しアメリカへ行きました。一九八一年（二回目）にわたしと、いまは群馬県にいるもう一人の兄。三回目は三人のきょうだいが、

マレーシアにたどりつきました。そこで妹は兄がいるアメリカ行きを希望して、あとの二人はわたしがいる日本に行きたいとなりました。日本に来たうちの一人は二〇年ほど前にアメリカで結婚してそのまま住んでいて、もう一人弟のほうはいまも神戸にいます。

一九八〇年に亡命した兄からタイに無事に着いた知らせをもらいました。それで父が二回目を計画して、わたしともう一人の兄を送り出した。兄は足が悪くて、松葉杖を使っていました。ちょうどそのころ、スイスが障害のあるベトナム人亡命者を受け入れているという話があったらしく、兄を外国で治療してもらうつもりでした。日本に着いてスイスに連絡したら、その治療プログラムが終わったことがわかり、二人ともアメリカに行こうとしたけれど無理だった。

日本に持ってきた家族写真

ベトナム戦争が終わった一九七五年からずっと、ボートピープルの亡命がたくさんあったのに日本は全然受け入れないので、国連から圧力をかけられて、毎年（ベトナムのほかラオス、カンボジアを含む「インドシナ難民」）五〇〇人を受け入れることになっていたんです。わたしが日本に来た一九八一年はその三年目で、一五〇〇人を受け入れていないといけないのに、日本に定住を希望する人がほとんどいなかった。

ベトナムも第二次世界大戦中、日本に支配された時期があって、日本に対してあまりいい評判がなかった。他の国もそうだったかもしれないけれど、その時の日本軍は残酷だったらしいですね。日本がベトナムを支配したのは短いあいだだったけれど、[23] 北部で大事件を起こしました。

米をたくさん作っていたベトナム北部に進駐していた日本軍が、米ができる直前になって、稲を全部切れと命令したそうです。米を取るのではなく、集めた米を入れる袋の素材になる植物（ジュートなど）を育てるためです。その袋に米を入れて積み出し、アジア各地に進駐している日本軍に持っていきました。たまたま次の年は雨が降らず、米も作れなくて、一〇〇万人ぐらいが飢え死にした。[24]

運が悪かったのもあるけれど、そこの人たちは今でも日本軍、日本人のせいだと言っています。だから正直なところ、わたしも日本に来たのが全然うれしくなかった。父にとっても自分の両親と姉が飢え死にしていたから日本を許せない。父が自分の弟を含め男の子三人で日本のトウモロコシ畑に入ったとき、六歳の弟はトウモロコシを盗んで食べていたのを日本軍に発見されて、死ぬまで殴られたらしい。父はそれを目の前で見たのが、ずっと脳裏から離れなかったようです。それでわたしが「日本に着いたよ」と教えたら、父は「なんとしてでも日本から出なさい」と言いました。まだ日本を許せていなかったんですね。当時の日本軍にはそういう残酷さがあって、万引きした人の手を切り落とすとか、厳しかったようです。

そんな事情もあって、日本に定住したいベトナム人がいなかったわけだけれど、日本は難民受け

23　一九四〇年六月に北部進駐、一九四一年七月に南部進駐によりフランスと日本の二重支配状態となり、一九四五年三月から日本の単独支配。
24　犠牲者推計四〇万人～二〇〇万人とされる「一九四五年ベトナム飢饉」。

入れ枠が一五〇〇人分もあるのに誰も希望していないのはよくない、せめて日本に来た人は日本から出さないようにしようという状況になっていたのが、ちょうどわたしが来た一九八一年ころでした。だから、わたしもアメリカに行きたかったのですが、しかたなく日本にいることになりました。一緒に亡命した兄は二年ほど、日本に定住しないでずっと待ちました。アメリカへ行きたいと言って。でも状況が変わらないから、あきらめて日本に定住した。あきらめずに五年ほど待っていたら、アメリカに行けた人もいましたから。

日本に定住するとなると、姫路定住促進支援センターへ送り出されて日本語を勉強する。わたしの時は三ヶ月だけ勉強して、卒業したら仕事をあっせんしてもらって、どこかへ行く仕組みになっていた。[25]

でも三ヶ月では、日本の社会や日本のルールについて覚えられないでしょう。短かったですね。センターでは、ベトナムでどのくらい教育を受けたかによって、クラスを分けていました。高校まで行っていたら、けっこう高いレベルのクラス。おじいちゃんおばあちゃんで学校に行っていない世代だと、また違うクラス。だから教えるレベルは、クラスによって全然違った。夫とわたしは同時期に日本に来たけれど、夫は小学校二年生までしか学校に行っていないからそのレベルの人で集まって勉強させられていた。だから、日本語の教え方はやはりプロというか、とてもうまかったと思います。日本語だけで日本語を説明しているのに、なぜかだんだんわかるようになってくる。

戦時下の子ども時代

わたしはベトナム南部、メコン河口地域のベンチェ省で生まれ育ちました。ホーチミンの南西、かなり田舎です。ベンチェ省は全体としてメコンデルタの出口にあたり、地形が複雑です。今は橋ができて出入りが簡単だけれど、昔は船がないとベンチェを出られなかった。ベトナム戦争のときは、不便だけれど隠れるのにはもってこいということで北ベトナム軍が潜伏して、激しい戦闘がありました。

ベトナム国内でも「ベンチェ市民だ」と言うと「うわぁ、ベトコン！[26]」と反応されるほどで、南部では特に戦闘が激しかった場所です。

でも、この地形のおかげで亡命もしやすかった。亡命できたのは、だいたいが海の近くに住んでいた人です。わたしもベンチェの港から船で亡命しました。

ベトナム戦争が終わったのが一九七五年なので、子ども時代は戦時下でした。わたしの家には一一人家族のために防空壕が三つあり、毎晩、防空壕に入って寝るんです。住んでいるところのちょうど前が川で、夜になると川はベトコンだらけ。川のこちらは南部政権側で昼間は南部の軍人がいるけれど、夜は（反米、反南部政権の）ベトコンが活発になり、川をはさんで爆弾を落としあう。だから必ず防空壕で寝ないと死んじゃう。防空壕といってもそれほど頑丈じゃなくて、セメントで作った

25　外務省外郭団体である、アジア福祉教育財団難民事業本部が中心となった支援事業。兵庫県姫路市の支援センターは一九七九～一九九六年設置。神奈川県にも大和定住促進センターが一九八〇～一九九八年に設置されていた。

26　国土が南北に分断されていたベトナムにおいて南部で反政府活動を行い、後に北ベトナム軍と共に南北統一戦争に参戦した「南ベトナム解放民族戦線」を指す。元は蔑称。

もものもあれば、砂袋百個ぐらいを積み上げただけのものもありました。

朝になると、きょうだい揃って「見に行こうぜ」と川まで走って出かけます。

夜の爆撃で死んだベトコンの生々しい死体が、橋に並べられているんです。それが毎朝の日課。なぜか、恐ろしいということはなかった。むしろベトコンに対して「あなたたちはちょっかいを出したから、こんなふうに死んでしまったんだね」「おまえら、なんでこっちに来るんだよ」という感じ。

北ベトナム側に爆弾を落とされて、南ベトナム側のこちらにも、亡くなった人がいっぱいいました。友だちの家に行くと、八人家族のうち一人しか生き残らず、お棺が七つ並んだ横でぐすんぐすん泣いている子も見た。戦闘で亡くなる軍人も多く、お葬式が本当に大変でした。

でも、なんとも思わない。平和なときを知らないから。空を見ると爆弾がたくさん飛んでいるのにも慣れているし、爆弾の音は生まれたときから聞いて寝ているので子守歌みたいになっている。たまに爆撃がないと「今日は静かだね」となって、寝られないぐらい。もし死んでも、自分は戦争で死ぬ運命だったんだなと思うだけ。こわいという感覚はなく、それが日常生活です。

当時は「ちょっと荷物を預かって」と言われて預かると、実はそれが爆弾で、急に爆発したということもよくありました。だから、荷物は預からない。爆弾がそっと置かれていることもあります。市場でいつ突然に爆発があってもおかしくない時代でした。そんな戦争の記憶が強く残っています。

戦争は一日やそこらのことではなく、何十年と続く戦争なので、学校はあるし、ふつうに生活していました。夜九時以降、朝五時までは外に出ると撃たれるから誰も外に出ないし、サイレンが鳴ると「隠れよう」とはなるけれど、それが終われば洗濯したりご飯を作ったりする。当時のベトナムは、互いの実際の状況がよくわからないまま国が分断されていた。

わたしが小さいときは「国を分けているのなら、北側は北におとなしくいればいいのに、なぜ南にちょっかいを出すのか」と思っていました。結局、北側としては「南側はアメリカ軍に占領されていて、かわいそうだから助けにいこう」ということで戦っていたみたいですね。

でも実際に南側が解放されてみると、南のほうが北より豊かで自由もあったというので、がっかりする人がいっぱいいた。共産党は財産をみんなで共有する考え方だから資本家を許さない。ベトナムが南北に分かれたとたん、共産党が支配する北部にいた金持ちは殺された。地主は土地を農民に貸し、農民は大変な金額を負担することになって、農産物を作ってもずっと貧乏なまま。体制が変わり「血と涙まですべて奪ってきた金持ちに反対しろ。地主は殺して、土地はあなたたちに与えよう」と言われてしまうと、何も持っていない人には強い動機ができて、金持ちを責めるようになる。実際には、土地は個人でなく国のものになり、国が個人に貸すわけだけれど、金額は収穫に見合うだけになったので暮らしがよくなった人はいる。でも、金持ちの人にしてみたら、悔しくてしかたない。

何も持っていない人は、無くすものがないから強いですよ。ベトナム戦争のときも川に隠れて、水中でストロー一本をくわえて（川の水面からストローだけ出して）空気を吸いながら一週間じっと我慢できたぐらい根性がある。南に隠れていたベトコンは、外に出て日光を浴びないから肌が真っ青だし、しんどそうなので、だいたい見たらわかる。そんな人たちに、アメリカ軍は勝てません。南が負けてしまったのには、そういう事情もありました。

ベトナム戦争終結。そして北ベトナムの統治がはじまった

戦争が終わって、ベトナムが統一された後、高校受験がありました。父はもともと北部出身で南北分断の前に南へ逃げてきた人です。北部から逃げてきて、カトリック教徒で、商売をしている家族という三つの要素が履歴書にあると、公立の学校はどこも受験できません。私立学校にしか行けないけれどお金がかかるので、子どもが多い家族としてはたいへんで、しばらく通ったものの全員学校をやめてしまいました。上の二人はすぐ結婚し、わたしと兄は家業を手伝いました。父は笠、むしろや竹製品の問屋の商売をして、かなり儲かっていたので九人きょうだいの子どもを育てられました。ベトナム戦争中は特に、むしろが飛ぶように売れました。お棺を買うお金がない人は二枚組のむしろを買って亡骸をくるんで埋葬していたからです。

一九八〇年に兄の亡命が成功して、わたしも国外に送り出そうということになりました。

当時のベトナムは話をするにも自由がなく、教会にも学校にも行けないし、商売をしていたらある日突然、財産を没収されることもある。三回ほどお金の交換（通貨切替）もありました。今の日本なら古いお金を銀行に戻して新しい種類のお金に替えるだけだろうけれど、これは違う。お金の交換となると誰も家の外に一歩も出なくなります。スピーカーが町のどこにでも設置されていて、そこから「家の中にいよう」と放送があります。家にいると担当の人が来て「交換するから、持っているお金を全部出して」と言われ、言われたとおりに出すと「あなたは五人家族だから、二万五〇〇〇ドン」となって、あとは残らず没収される。電話があれば「こんな大変なことが起きた」と知り合いに教えられるのに、それもできない。一回目はほぼ全部の財産を没収されました。

二回目も来るだろうというので、父はお金を家に置く代わりに、ダイヤモンドや貴金属を買って隠すようになりました。二回目のとき、父が手元にあったお金だけを出すと、やはり二万五〇〇〇ドンにしかならなかった。二回目からはみんなが賢くなったから、政府もあまり収穫がなかったと思います。たまたまお金を持っていたら、ただで渡すのは悔しいので家の裏で燃やしたり、川に捨てたりする人もいました。

こういう状況では住みたくても住めないし、子どもには将来がないので国外へ行きなさいということで、父は亡命させてくれました。父から亡命しなさいと言われたとき、抵抗感は全然なかったです。まだその年齢やその雰囲気では抵抗もできず、親の言うままだったと思う。

亡命のため、漁船に乗りました。お金を儲けるだけが目的の船には、父は自分の子を絶対に乗せなかった。まず自分と自分の家族が国外へ出るために船を出す船主を見つけて「うちの子も亡命させたいので一緒に乗せてほしい」と交渉します。当時は一人あたり五〇グラムの米やミルクのような食品でもクーポンがないと買えず、闇市場ばかりで、物価がものすごく高かった。亡命するには、船を整備するにも、ガソリンや米を買うにも大変お金がかかるところを、船主に先払いして準備してもらいます。それでも足りない分は、船主から父に「あと何人か探して」と連絡があります。船主に渡すのが一人につき二〇〇万ドンだとすると、父は亡命したい人から二五〇万ドンを受け取り、五〇万ドンを手数料にもらう。それでわたしたちきょうだいは、ほとんどただで船に乗れました。

きょうだい全員が無事に亡命できたので、よく「ついていたね」と言われるけれど、運ではなくて父の才覚があったから成功したんです。もし船主自身やその家族が船に乗るなら、船主もできる限

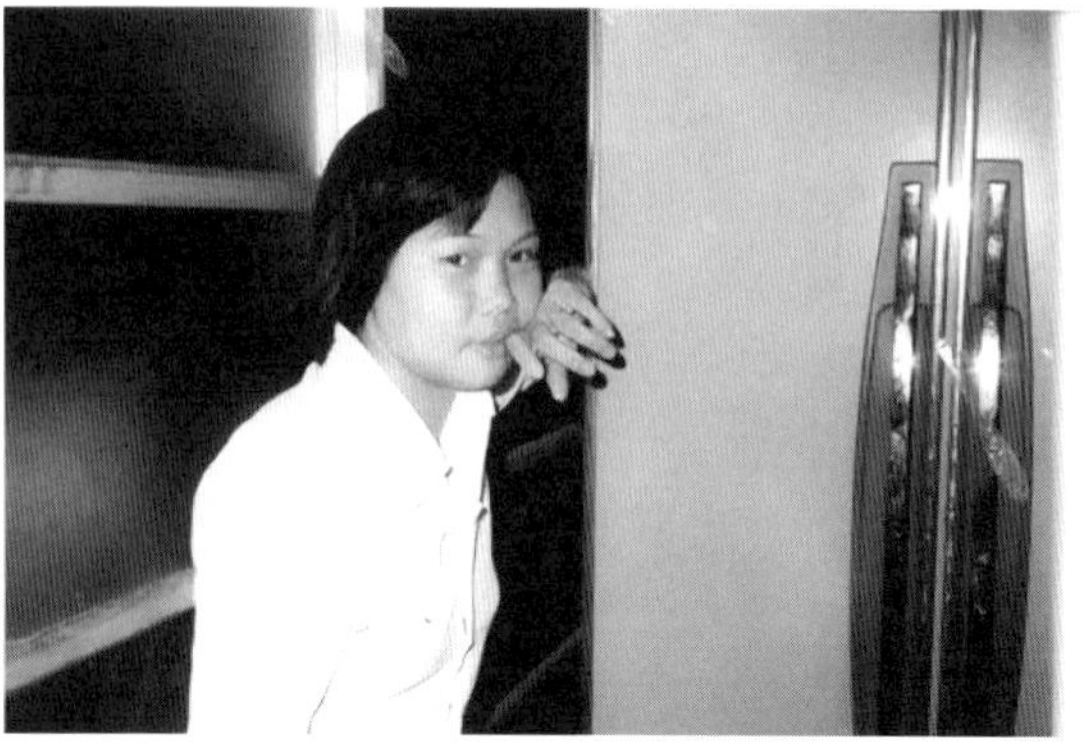

日本に来てすぐのころ、長崎県西海市にあった日本赤十字ベトナム難民大瀬戸寮にて。「ベトナムを出る前に、海賊に襲われたらいけないと髪をばっさり切られて、男の恰好をさせられた。本当に海賊が来たら、そんなの何の役にも立たないと思うけどね」

り家族を守ろうとするから行動に影響します。船主が一緒に行かないときは、一〇〇人、五〇〇人と人を集めて船に乗せても、後はいいかげんに放っておいて、死んでも関係ないとなりかねない。父はそこに目をつけました。だからわたしたちきょうだいの亡命は三回ともうまくいって、海賊にも会わず、命も落とさなかった。ひどい人は十何回やってみても国外へ行けなかった。だから父は、本当にすごいです。問屋の商売をしていたから人間関係に幅があったし、信頼もあった。いろいろ考えていたんですね。

わたしが乗った船には五〇人ほどしかいなかった。船主の家族が三〇人ほどで、あとはお金を払って乗った人たち。食べ物もあって、無事に亡命できました。海賊や台風の危険はあったけれど、船主は自分の家族を守りたいから安全に気をつけていたし、父からは出発前に、海賊に襲われたらいけないと、髪の毛を切られて男の恰好をさせられました。

準備してもらった荷物は、砂糖とレモンを煮詰めて風邪薬の瓶に入れたものがわたしに一本、兄に一本。わたしには純金の指輪一本も渡されました。服は着替えが一着。たったこれだけです。食べ物がなくなっても、ちょっと口に入れるものがあれば生き延びられるだろう。指輪は、海賊が来たときに何もなければ殺されるから「これで勘弁して」と渡すため。父は父なりに考えて、子どもを守ったのだと思います。

出発前にまず、父がわたしと兄を一度ホーチミンに行かせて、そこで「悪い友だちに誘われて、船に乗って国外に行くことになった」と家に手紙を書いて出させました。もしわたしたちが亡命できなかったら手紙はいらないけれど、無事に亡命できたら、あとで役所に持っていって「うちの子たちが行ってしまった」と言えば弾圧がなかった。父がそこまで考えていました。かしこい人でした。

それからベンチェに戻ると、渡し船のような小さな船に乗り、大きな船に乗り換えます。大きいといっても、長さ七メートル、幅は二〜三メートルぐらい。それでもまだ、五〇人が乗っても足を伸ばして寝られる余裕はありました。夜に出発して三日目あたりに、フィリピン籍のミンダナオの船が通りかかって拾われた。貨物船だったのかな。荷物を積み下ろししながら、三週間ほどかけて日本まで送ってくれました。当時、難民は行き先で降ろさないといけない決まりだったけれど、たぶん日本と「救助したが、日本で降ろしていいか」とやりとりしてくれたのでしょう。

ゴム屋の仕事と日本語習得

姫路には半年、子どもが生まれるまで置いてもらいました。それから夫の仕事で丸亀市（香川県）に行きました。丸亀の仕事は半年だけで、終わったころに二番目の子が生まれました。そのときの夫の仕事は、海上保安庁の船の浮き輪の掃除で、とても過酷でした。あの浮き輪はすごく大きいよ。そこに付いた貝や錆を落とし、ペンキを塗りなおす。家に帰ってきたら顔も鼻も真っ黒。給料は月一三万円しかなかった。それでわたしも、ジーパンの縫製工場で働きました。子どもは勤め先に預けて、ボタンをつけたりステッチを走らせたり、一生懸命働いて皆勤でも七万円だから、時給四〇〇円くらいしかなかった。

神戸に来たのは、丸亀で地震があったからです。震度は二か三ぐらいでたいしたことがなかったと思う。でもわたしたち家族はびっくりして外へ飛び出し、公園のベンチに座りました。通りかかった日本人がどうしたのかと聞くので、地震があったからと言うと「このぐらいは何でもないよ」と笑われました。そう言われても、心細かったし怖かった。

それで、神戸に（姫路の）支援センターで一緒だった人が住んでいたので聞いてみると、神戸は仕事が多いからとにかくこっちに来いとなり、夫とわたしの家族は神戸に移りました。神戸で探すと仕事がたくさんあり、しかも時給は五五〇円というので天国だと思った。ちょうど一九八三年、バブルの時代なので仕事が多くて働けてよかったですね。

神戸ではゴム屋、つまりケミカルシューズの仕事です。何もわかってないから、製品[27]になった靴を箱に入れたり、清掃したりするところからはじめました。昼休みがあっても張り工さんは休まないので、その隣で拭き掃除などして手伝いながら「どんなふうに靴を作るのかな」と見ていると、一瞬でやっている。

張り工は時給じゃなくて出来高払いだから、ものすごくすばやい。「わたしも覚えたい」と言う

阪神・淡路大震災前に神戸市長田区の自宅で撮影した家族写真

と「無理や。おまえにはできへんやろ。技術がいるよ」と言われました。最初の時給の仕事とは、全然違います。まえは一日五〇〇〇円も稼げなかったのが、張り工は一足九〇円で一日一〇〇足できれば九〇〇〇円にもなる。

それで技術を覚えて働いて、子どもも何人も生んで。子どもが小さかったからこそ、張り工の仕事はよかった。時給だとしれているけど、張り工のときは子どもの送迎をするのに朝一〇時に出勤して夕方四時に帰ってもけっこう賃金をもらっていた。

今も張り工をするベトナム女性は多いと思う。稼げます。ミシン工も魅力ですね。ミシン場を持っているベトナム人も今は多い。ミシン工は時給もあるけれど、仕事に慣れている人はだいたい受け取り(出来高制)にしています。でも、ベトナム人はだいたい手先が器用です。わたしも見たとおりやって

27　分業体制で行う靴づくりの工程で、靴のパーツに糊を塗って貼り合わせる作業や、靴の底付け作業を行う職人。

みると意外と簡単だと思って、張り工になりました。簡単とはいっても、今なら機械でパーツを引っぱりながら張り合わせる作業でも、昔は全部、手作業です。それから阪神・淡路大震災（一九九五年）までは紳士靴、婦人靴の張り工をしていました。

定住が決まってからは、長崎にいるときも日本語を勉強していたけれど、教科書がなかったので、台所に行って茶碗、皿とか、物を指さしながら単語を覚えました。できるだけ単語は覚えて、（姫路の）支援センターに行ってから文法を教えてもらったら、かなりしゃべれるようになりました。

わたしの考えでは、例えば「わたしは塩を買いたいです」という表現を勉強するより、「塩」という単語をともかく覚えて実際にスーパーに行って塩を見つけて買うほうが簡単でしょう。そういう考え方だから、とにかく単語だけは覚えようとしたけれど、三ヶ月だけの勉強でもけっこう話せるようになったのは、それが役に立っていたんですね。

でも、ゴム屋の言葉はわりと汚くて、「めし食ったか？」「おまえ、来んかい！」とか、そういう感じです。その感じでずっとしゃべっていたけれど、一九九七年にＫＦＣ（神戸定住外国人支援センター）に入ってから、わたしの日本語が少しずつ変わりました。こういう汚いしゃべりかたはちょっと恥ずかしいとだんだん思うようになって、修正するようになりました。発音は悪くても、ＮＰＯ関係の言葉はだいたいわかるようになった。

でもそのまえの阪神・淡路大震災のときは、まだ災害関連の言葉がわかっていなくて、できなかったんです。「救援物資」といわれても「物資って何？」「被災証明書」というのも「被災って何？」とか。

最初はわからなかったけれど、自分の性格もあって、人に聞くんですね。「仮設ってどういう意味？」「被災ってどういう意味？」と。それを聞いて理解したうえで、新しい情報を避難所に持ち帰って、避難所にいるベトナム人に説明して、と当時はそんなふうにやっていました。だから言葉は場面ごとにやってみて、だんだん覚えていった。

勉強はどちらかといえば嫌いですね。だから直接、その時期、そのことに合わせて覚える。例えば、地震がないうちにわざわざ地震関連の言語を覚えるなんて、わたしはできないタイプです。でも地震が起きたら、やはり地震の言葉を覚える。病院に行けば病院の言語を覚える。そうやって少しずつ覚えて、言葉がたまっていく状態。そういうやり方ですね。

翻訳・通訳者としての原点――炊き出しボランティア

阪神・淡路大震災があって、張り工の仕事はかなり少なくなった。それで、たかとり[28]のボランティアをするようになりました。

震災でたいへんだったときにまわりの人にいろいろお世話になったので、わたしに何ができるかと考え、炊き出しでベトナム料理を作ることでみんなに恩返ししようと。そこからいろんな関連の仕事につながっていきました。

28 当時、鷹取教会救援基地。震災から一〇〇〇日目までの呼称で、その後「たかとり救援基地」に改称し、二〇〇〇年四月には「たかとりコミュニティセンター」となる。

当時、たかとりには一日二〇〇人ぐらいボランティアが来ていたので、朝昼晩と食事づくりがすごくたいへんだった。だから、教会につながりのあるベトナムのお母さんたちも手伝いませんかと声が掛かりました。ベトナムのお母さんたちは四グループに分かれて、週替わりで月一回ずつ作ることになりました。あのときはすごくハードで、生春巻きなんか、もう朝から晩まで巻いていた。わたしは避難所でも炊き出しをしていました。

避難所にいる人たちとはぶつかることがあったけれど、食べ物を出せば仲よくなれるのではないかと思ってはじめたんです。

避難していたのは鷹取中学校だったけれど、子どもがうるさいとか、声が大きい、騒いでいるとか言われたね。鷹取中学校でベトナム人と再会できて、その人がけがもせず元気でいると、うれしいでしょう? それで声を上げたら「なんで騒ぐのか」と文句を言われる。でも、生きているって良いことじゃないですか、わたしはそれだけで喜ぶよと説明すると「ああ、そうか……」となります。だから表現のしかたが違っていて、誤解されるというのもありました。

「避難所には外国人は入ったらあかん、出ていって」と言われて出ていった人もいるよ。当時は、避難所の仕組みがわからなかったんです。たぶん今だったら出ていかないけれど、昔はそう言われたら、そのまま「避難所はわたしたちがいるところじゃない」と思ったかもしれない。

水曜日に炊き出しボランティアに来るようになって、カトリックたかとり教会の神田裕神父から、KFCをつくるからスタッフになってくれないかと誘われました。当時、わたしが知っているのはゴム屋の言葉ばかりだったから、自分にはスタッフなんてできるとは思っていなかった。

それなのに中村通宏さん[29]から推薦されて、神田神父もわたしがよいと思って声を掛けたそうです。ずいぶん悩んで、「神父さんの指示だから、従わないといけないのかな」「だいじょうぶだろうか」と思っていたけど、思いきって引き受けたおかげでいろいろできるようになったね。

具体的な仕事としては、生活相談が多かったですね。仮設住宅の申し込み、未払い賃金、市営住宅のこととか。

最初は金宣吉さん（現KFC代表）が対応して、わたしはただ通訳をしていたけれど、いつのまにかケースによってはわたしも相談対応ができるようになった。同じ相談内容なら、金さんがいなくてもわたしが対応することが積み重なって、今では知識が豊富になりました。どちらかというと、ちょっと厄介な相談のほうがうれしいかな。勉強できるチャンスだと思えるから。少し変わった病気だと、わたしが病院に連れていきたいなとか。やはり経験を積まないとだめですね。今はたいていの病気についてはかなり説明できるよ。

こうしていろいろな人と出会うようになって、自分が話していた日本語とぜんぜん違うんですね。聞いてまねして修正していきました。今でも、お医者さんと話す場面では慎重になります。やはり、しゃべり方が違うから。

通訳や相談対応をしているうちに、翻訳の依頼もちょこちょこくるようになりました。たぶん、KFCのニュースレターのベトナム語版をつくるという翻訳がはじまりだったと思います。そこから、

29　KFC発足後の副代表。NPO法人日越交流センター兵庫 理事長。

だんだん翻訳ができるようになった。

例えば出生届などの証明書や、入管に提出する陳述書。ベトナム人の女性が、日本人の夫に細かいことを訴えたいけれど伝わらなくて辛いから、ベトナム語の手紙を書くので日本語に訳してほしいとか。

でも今も医療やビジネスの翻訳はできないかな。まだ弱い。やはり経験がないと上手にならないですね。

最初に翻訳してほしいと言われたとき、日本語の読み書きはだいたいできました。わたしの漢字の勉強のしかたは、例えば「連絡」という単語を見たら、「連」と同じ、しんにょうが使われている字をまとめて載せている漢字辞典を見ます。

次は手偏、土偏、くさかんむりと見ていって、だんだん知っている字が増えていくと、言葉を調べるのも速くなってくる。ちょっとずつ言葉を覚えていくうちに、ベトナム語ではこう言っても、日本語ではそういうニュアンスではないといったことが何となくわかるんです。どう違うのかうまく説明できないけれど、使い方や雰囲気が違う。だから通訳もそうだけれど、翻訳はすごく難しい気がします。

ベトナム人高齢者の通院に付き添う毎日

最近はＦＡＣＩＬからの依頼ではないですが、医療通訳はほぼ毎日しています。わたしの今の仕事は介護ヘルパーの派遣と管理ですが、利用者としてデイサービスに来たり、ショートステイなどで寝起きしたりするベトナム人高齢者一二、一三人ほどがいろいろな病院へ通院するときにはほとんどわたしが付き添います。

よく神大（神戸大学医学部附属病院）、神鋼（神鋼記念病院）、中央市民（神戸市立医療センター中央市民病院）、鐘紡（旧鐘紡記念病院、二〇〇七年に神戸百年記念病院となる）など、大きい病院にも連れて行きます。

通訳をしていてうれしいのは、安心と言われることかな。ベトナム人のおじいちゃん、おばあちゃんは、家族が病院に連れて行ってくれてもあまり役に立たないとよく言います。（家族に連れて行ってもらうと）病気の症状とか、はっきりした病名とか、いろいろな細かいことがあまりわからないそうです。

例えば先生が「この間の検査は、こうだったから、こうで、これでもう大丈夫です」と言うと、家族は「先生は大丈夫と言ってるよ」と。でも、省略された細かいところを知りたいですよね。本人にしてみると「わたしの病気や病名を、隠しているのかも？」「本当は、大丈夫ではないのでは？」と思う。

わたしの場合はできるだけ、ほぼすべて話の流れをそのまま訳して伝える。だから「あなたと行くととても安心」と言ってもらいます。通訳だから、何も隠さないしね。家族が何かを隠してほしいと希望していても、そこはマイナスかもしれないけれど、ありのまま伝えるべきというのがわたしの考えです。

通訳者のなかには「今度の患者さんはどんな病気なのか。細かく教えてほしい」という人もいます。準備しないといけないから。わたしは、それほど準備する必要はないと考えています。基本的には医師が言われたことを、そのままストンと伝えればいい。「糖尿病」と言われて Bệnh tiểu đường とわかればそう伝えればいいし、もし言われた言葉がわからなくても「先生、それはどういう病気ですか?」と尋ねて伝える。

病気に関して、先生が細かいことを言わないことがあるかもしれない。通訳としてではなくて、個人の経験や知識から伝えられることがあるかもしれない。例えば肺がんで「これからどんな治療になるのか」と患者さんから聞かれたら「こういういくつかの可能性や選択肢があるけれど、あなたの場合はどれに当てはまるのかまだわからない」といった話はできるかもしれない。でもわたしは、診察の場で先生が話したありのままの情報を渡すだけです。わたしのやり方は、ほかの人と違っていて親切ではないかもしれませんが。

医療通訳では患者さんが興奮して、自分自身では後先がわかっていないことが多いです。そこで、これは先生に聞いておくほうがよいと経験上わかっていることがあれば、わたしが代わりに先生に尋ねて、それも補充して伝えます。

例えば、「採血してください」と言われて訳すだけで終わると、患者さんはこれからどうしたらいいかわからない。だから、わたしが「病院には来月もう一度、結果を聞きに来るのですか?」といった確認をする必要がある。

単に訳すだけでないというのは、わたしのなかに通訳者と生活相談員の二役があって動いているのかもしれません。

コミュニティ翻訳・通訳とわたしの「在日ベトナム語」

ＦＡＣＩＬ（Ｆ）：まさにコミュニティ通訳ですね。通訳学校などでは、発言内容を「足さない・引かない」ことを訓練します。そうすると、通訳者の判断で「採血の後で、また来ますか？」と尋ねるのはいけないことになってしまいますが、患者さんが病気を治す目的のためには必要なわけですよね。そういうコミュニケーション援助ができるコミュニティ通訳者を育てる必要性を、在住外国人支援に関わる人たちはずっと訴えています。

でも、通訳の学校があるなら行ってみたいと思うよ。いろいろな言語の通訳や翻訳の学校があればいいね。アプリで翻訳したベトナム語なんかを見ると、むちゃくちゃなので笑ってしまう。学校に行って、自分がやっていることが正しいのか、確認したいね。

わたしなりの翻訳や通訳のやり方なので、正しいかどうかわからないから人に教えられないと思う。わたしは翻訳するとき、日本語の原稿が四行なら、ベトナム語でもなるべく四行に収まるようにするんです。ほかの人の翻訳を見ると、ベトナム語のほうがもとの日本語よりかなり長いことがよくあります。「こういうことが書いてある」というのを伝えればいいのに、使われている単語を全部一つずつ、そのまま訳しているからです。

わたしは一つの文書を翻訳したら、日本語の原稿は隠してベトナム語だけ読んでも意味がわかるかどうか確認したうえで、なるべく長さも合わせるようにします。そうやって修正しないと、読む人が何回も同じ文書を読まなくてはいけない、混乱しやすいベトナム語になると思うからです。そういうことも含めて、自分のやり方が合っているのか確認してみたいですね。

はじめからそういうやり方だったわけではなくて、経験を積んでそうなりました。最初は、そのまま訳していたので、長い文章になりました。でも、それでは自分が訳したベトナム語を読んでもよくわからなかった。原稿にも、すっと訳せる訳しやすい書き方をする人と、なぜか訳しにくい書き方の人がいるね。翻訳とは関係なく、日本語として読みやすい文章ってあるでしょう。それもあるだろうし、もともとベトナム語に翻訳するために、訳しやすい書き方をしている原稿なのかもしれない。

F：ベトナム語翻訳で難しいのは、地域（南部、中部、北部）や年代によって表現がかなり違うことです。現在のベトナムで広く使われているベトナム語と、ガさんがベトナムにいたころのベトナム語は、やはり違うのでしょうか。

違いますね。孫と話していると、おばあちゃんの言葉がわからないと言われます。逆に新しいベトナム語もあります。日本語でもそうじゃないですか？　娘のメールやＬＩＮＥを見ても、わからない言葉がある。若い世代の言葉とわたしの年代の言葉は違うし、日本にいる同年代の間でも境遇によって違いがある。わたしの言葉はベトナム語というより「在日ベトナム語」というほうが、近いのかもしれない。わたしのベトナム語は、ベトナムを離れた一九歳のときの言語ではあるけれど、わたしが今使っている言葉は少し変わってきたと思うし、日本に来てからの影響もあると思います。

ただ、一つの文書の中で北部の言葉になったり南部の言葉になったりしないよう、統一性は必要です。同じ言葉でも、南北でちょっと違うことがあります。例えば「カムオン」（ありがとう。「感恩」が由来）という言葉があって、書いてあれば意味は通じるけれど、細かいところは北と南で違う。[30]

発音が違うから、文字のヒゲ（声調記号）の付け方、綴りが違ってくるのです。

F：若い人ほど自分がベトナムで受けた教育で得た知識の範囲だけで「この記号（声調記号、母音記号）の綴りは見たことない」「それはまちがい」と言ってしまうようです。ベトナム語だけでなくタガログ語や中国語など他の言語でも、情報の受け手や翻訳者の多様性を「まちがい」と言われてしまう問題があります。

出身地や年代が違う全員が満足して丸をつける翻訳というのは、できないと思うよ。それに最近の若者の文章だと、年配のわたしたちは理解や翻訳ができないと思う。難しいことですね。読者に意味が伝わり、依頼者に事情を説明できれば、いいんじゃないかな。それしかできないでしょう。

困難に直面したときこそ知恵と工夫を

わたしは、日本語ができなくても、誰かに何か頼んで代わりにやってもらうことはしませんでしたね。たとえ今、完璧なベトナム語通訳者に、わたしが言いたいことを伝えて訳してもらったとしても、わたしは絶対、満足しない。通訳者さんが九五パーセントを正しく訳してくれても、あとの五パーセントは「わたしはそういうつもりではない」と思ってしまいます。たぶん昔からそうで、片言でも自分でしゃべるようにしていました。

30　ハノイなどの北部では Cám ơn、ホーチミンなどの南部は Cám ơn。

ひらがなとカタカナしか読めないときでも、教会に行ったら必ず日本語の聖書を持って、文字を追って読む。学校の書類も、子どもが小さいときからずっと見ていると、水筒とお弁当がいるんだなとか、何が必要なのかなんとなくわかるようになっていました。あまり、覚えようとしては覚えていません。

いろいろ、自分なりに工夫はしました。日本に来たころは、砂糖を買いに行ったのに塩を買ってしまったことがありました。ベトナムの塩はざらざらして粒が大きいのに、日本の塩はきれいで細かいので、わからなくてまちがったんです。腹が立ったから、それからは砂糖の袋を店に持っていって、同じものを買うことにしました。

日本語の手紙に返事するのに封筒の宛名を書けなかったときは、向こうから来た封筒に印刷してある日本語の住所を切って貼りつけて送った。役所の書類をもらってこいと言う人がいたら「それを書いてください」とお願いして、区役所ではそのメモをそのまま見せました。

若かったから必死にやっていたけれど、あまり失敗したり困ったりした覚えはないかな。

子どもは保育所にちゃんと行かせて、予防接種もちゃんと受けさせることができたから不思議ですね。一番上の子は丸亀にいたときに生まれたけど、周りにベトナム人はいなかった。どうやって問診票を書けたのか、どうやってビザの更新ができたのか、記憶がありません。

インフルエンザの問診票なら同じものをもらって帰ったり、入国管理局に出す書類は提出前にコピーしたりして、次からは見ながらそのとおりに書くといった、何らかの工夫はしていたと思います。

父から受け継いだ「生き抜く力」

子どもは自立させたいというのが父の考えでした。家では役割分担をして、三歳、四歳、五歳ならそれに応じてお手伝いをする。一〇歳になったら水を汲み、ご飯を作り、市場に行けるようになる。財産がなく、お父さんやお母さんが死んだとしても、おまえたちが生きていける力だけは育てたいと言っていた人です。だから子どものときは、遊ぶ間がなくて忙しかったよ。

きょうだいを馬鹿にしてはいけないとも、よく言っていました。年長のきょうだいと話すときは「フンお兄さん」「タンお姉さん」のように、ベトナム語でも丁寧な、名前を入れた呼び方をするもので、絶対に「おまえ」「俺」のような言い方をしてはいけない。anh（兄さん）、chị（姉さん）のようなよくある言い方でも、ちょっと馬鹿にしているようだからだめ。父自身も、子どもには自分のことを「お父さん」と言い、子どもにもそう呼ばせるし、両親に対して子どものほうはconと言います。[31] それは父から、しつこいほどしつけられま

2000年7月、両親が結婚して50数年のお祝いでベトナムに帰ったとき。「男前だったお父さんもしわしわになっちゃった」

10年ほど前、きょうだいみんなでベトナムに帰って集まったとき。
「お母さんは、死ぬまで髪も染めてなかったよ」

した。

なぜそんなにこだわるかというと、敬語を使うことで人の価値を生かせる。例えば「お父さん」という言葉を使えば、父親としての立場を考えて言葉を伝えることになる。おまえ、俺という言い方をしていては、そこから人を軽蔑することにつながると言っていました。

おかげで今もきょうだい仲良く、「おまえ」「俺」でなく、ちゃんと相手には名前を呼び、自分のことは「わたし」のように言って接しています。父は若いときに両親を亡くしたのに、どこからそのようになったのか、すごい人だと思う。その父も一三年前、母は二年前に亡くなりました。

※第3部は、二〇二一年度にインタビューを行い、多言語センターFACILのウェブサイトに公開した「外国にルーツを持つ住民のキャリアパス——多文化共生社会の仕事づくり」(https://tcc117.jp/facil/honyakusya.html)をもとに、書籍化にあたり、改稿・再編集したものです。(担当—李裕美・田口靖幸)

31　ベトナム語には敬語表現があり、その一つが人称代名詞の使い分け。親族名称(父、母、兄、姉、弟、妹など)がもとになっているものが大半で、「あなた」(二人称)、「わたし」(一人称)にあたる語も、親子やきょうだい関係を含め、会話する両者の性別や、年齢・社会的地位の差異の大きさに応じて変化する。con は親子の間で「子ども」を指す場面に限って使う一・二人称。「フン」「タン」など名前には、その前に人称を置くと「〇〇さん」にあたる敬語になる。

吉富志津代「医療通訳システムの制度づくり――市民団体への依存からの脱却のために」吉富志津代・連利博監修『医療通訳 4.0』2020 年、松柏社
竹沢泰子・樋口大祐・兵庫県国際交流協会編『百花繚乱――ひょうごの多文化共生 150 年のあゆみ』2020 年、竹沢泰子・樋口大祐・公益財団法人兵庫県国際交流協会

参考文献

吉富志津代「コミュニティビジネスを起業する――地域のマイノリティとの協働のかたち」田村紀雄・白水繁彦編著『現代地域メディア論』2007年、日本評論社

吉富志津代『多文化共生社会と外国人コミュニティの力――ゲットー化しない自助組織は存在するか？』2008年、現代人文社

吉富志津代「多言語・多文化共生のまちづくり――阪神・淡路大震災で気づいた多様なマイノリティたちの活力」宇田川妙子編著『多元的共生を求めて――〈市民の社会〉をつくる』2009年、東信堂（未来を拓く人文・社会科学シリーズ）

吉富志津代「地域医療における医療通訳の重要性――兵庫県のシステム構築に向けた取り組みから」『移民政策研究』（創刊号）2009年、移民政策学会

吉富志津代「災害復興と多文化共生」ひょうご震災記念21世紀研究機構編『災害対策全書』（復旧・復興篇）2011年、ぎょうせい

吉富志津代「市民意識と多文化共生――阪神・淡路大震災の経験から東日本大震災の支援へ」駒井洋監修・鈴木江里子編著『東日本大震災と外国人移住者たち』（移民・ディアスポラ研究2）2012年、明石書店

吉富志津代『グローバル社会のコミュニティ防災――多文化共生のさきに』2013年、大阪大学出版会

吉富志津代「コミュニティビジネスとしての医療通訳」中村安秀・南谷かおり編『医療通訳士という仕事――ことばと文化の壁をこえて』2013年、大阪大学出版会

荒牧重人他編『外国人の子ども白書――権利・貧困・教育・文化・国籍と共生の視点から』2017年、明石書店

吉富志津代「兵庫県の「外国人」コミュニティの自助活動」移民政策学会設立10周年記念論集刊行委員会編『移民政策のフロンティア――日本の歩みと課題を問い直す』2018年、明石書店

吉富志津代「医療現場における医療通訳者との協働――医療通訳者の立場から期待と提言」（共）日本医学教育学会『医学教育』（No.6）2020年、篠原出版新社

月、発行：特定非営利活動法人多言語センター FACIL
『ことばがわからない患者とのコミュニケーションを考えるハンドブック――あなたの病院に「外国人」の患者さんが来ました』2010 年 11 月、発行：特定非営利活動法人多言語センター FACIL
医療機関向け医療通訳 DVD『病院に通訳がいたらいいのにな――神戸のベトナム人中学生編』2012 年、制作・著作：特定非営利活動法人多言語センター FACIL
『ワタシとカレシで確かめ合う――しあわせの SEX ルール（英語、中国語、スペイン語、ベトナム語）』2013 年 3 月、発行：ワールドキッズコミュニティ
『医療通訳実施ガイド』2014 年 3 月、発行：特定非営利活動法人多言語センター FACIL
『医療通訳調査報告書 2014――兵庫県での医療通訳派遣モデル事業の取り組みから』2015 年 3 月、発行：特定非営利活動法人多言語センター FACIL
『インタビューから学ぶ医療通訳――医療通訳に携わる 7 人の知恵と経験』2016 年 3 月、発行：特定非営利活動法人多言語センター FACIL
『はじめよう！ 母語学習――子どもたちの言葉で悩んでいる外国人保護者の皆さんへ（英語、韓国・朝鮮語、スペイン語）』2016 年 6 月、企画・制作：ワールドキッズコミュニティ、発行：吉富志津代
『バイリンガル環境で育つ子どもたちの言語形成に考慮した教育環境整備事業――韓国との連携で広げるネットワーク構築へ　報告書／ Project to Facilitate the Development of an Educational Environment that Meets the Needs of Children Growing up in Bilingual Settings -Collaborating with South Korea to Facilitate Network Building- Report』2016 年 10 月、企画・制作：ワールドキッズコミュニティ、発行：吉富志津代
『通訳者が災害医療について学ぶためのテキスト』2017 年 3 月、企画・制作：特定非営利活動法人多言語センター FACIL、発行：吉富志津代
『はじめよう！ 母語学習――子どもたちの言葉で悩んでいる外国人保護者の皆さんへ（ベトナム語、ポルトガル語）』2018 年 1 月、企画・制作：ワールドキッズコミュニティ、発行：吉富志津代
『はじめよう！ 母語学習――子どもたちの言葉で悩んでいる外国人保護者の皆さんへ（中国語）』2019 年 3 月、企画・制作：ワールドキッズコミュニティ、発行：吉富志津代
『ワタシとカレシで確かめ合う――しあわせの SEX ルール（ネパール語版）』2019 年、制作：特定非営利活動法人多言語センター FACIL、発行：滞日ネパール人のための情報提供ネットワーク

これまでの発行物

『日系ブラジル青少年の教育支援に向けたネットワーク構築――活動報告書』2002年3月、発行：ワールドキッズコミュニティ

『神戸らしいグローカルな魅力づくり――多文化共生調査報告書』2003年3月、調査・編集：多言語センターFACIL、発行：兵庫県神戸県民局地域ビジョン担当

『わたし・体温・セカイ――多文化な子どもたちによる映像制作活動報告　Re:C 2002』2003年7月、発行：特定非営利活動法人たかとりコミュニティセンター、ワールドキッズコミュニティ、ツール・ド・コミュニケーション

『PREGUNTAS Y RESPUESTAS SOBRE LA VIDA ESCOLAR (ESPAÑOL-JAPONES) -PARA PADRES Y NIÑOS HISPANOHOBLANTES Y SUS PROFESORES-／学校現場のQ&A集――スペイン語圏の子どもたちと保護者と、先生たちのために（スペイン語、日本語）』2004年3月、発行：特定非営利活動法人たかとりコミュニティセンター、発行責任者：ワールドキッズコミュニティ代表 吉富志津代

『Guía para la "Madre Latina"／ラテン系のお母さんのためのガイド（スペイン語）』2005年3月、発行：特定非営利活動法人たかとりコミュニティセンター、発行責任者：ワールドキッズコミュニティ代表 吉富志津代

『FIESTAS TRADICIONALES Y COSTUMBRES JAPONESAS (ESPAÑOL-JAPONES)／日本の伝統行事、習慣（スペイン語・日本語）』2005年3月、発行：特定非営利活動法人たかとりコミュニティセンター、発行責任者：ワールドキッズコミュニティ代表 吉富志津代

『Recetas -comida japonesa-／日本の家庭料理のレシピ集』2005年3月、発行：特定非営利活動法人たかとりコミュニティセンター、発行責任者：ワールドキッズコミュニティ代表 吉富志津代

『Re:C 多文化な背景を持つ子どもたちによる表現活動　映像作品集 2002-2005』2005年、制作・著作：特定非営利活動法人たかとりコミュニティセンター

『多言語センターFACIL World Kids Community 7年のあゆみ――FACIL & KIDS 1999-2006 活動記録集』2006年10月、編集・発行：特定非営利活動法人多言語センターFACIL、ワールドキッズコミュニティ

『親子手帳（スペイン語版、ベトナム語版、タガログ語版）』2007年3月、発行：ワールドキッズコミュニティ

『医療通訳システム構築に向けたモデル事業運営マニュアル　2006年』2007年3

古林 みどり（翻訳・通訳コーディネーター）
家族で東京に住んでいました。本（当時はハリーポッター）が好きな小学校３年生でした。

玉田 なつみ（翻訳・通訳コーディネーター／非常勤）
５歳児。幼稚園でごっこ遊びを、家でひとり遊びを極めていたころだと思います。たぶん…。

神山 満月（Nguyen Thi Hong Sa）（ベトナム語通訳者／非常勤）
まだベトナムにいました。小学校５年生で学校に通いながら家業の牧場や農業の手伝いをしていました。日本とは無縁の生活でした。

日比野 美耶子（会計およびデザインアシスタント／非常勤）
そのころは中学生で剣道部の主将として頑張っていました。神戸の震災追悼イベントでは“しあわせ運べるように”を合唱しました。

上山 紀子（翻訳・通訳コーディネートアシスタント／非常勤／2022年５月～2023年２月）
21世紀生まれなので、1999年に私は存在しません！

松野 カテリーナ（ウクライナ避難民支援事業担当／非常勤／2022年７月～2023年３月）
ウクライナの大学で文献学（philology）の勉強をしていました。

クリセンコ ユリヤ（Krysenko Yuliia）（ウクライナ避難民支援事業担当／非常勤／2023年４月～）
当時２歳。父、母、祖父母と一緒にウクライナのドニプロで暮らしていました。

青木 智博（ウクライナ避難民支援事業担当／非常勤／2023年５月～）
当時、小学校６年生の私は大手芸能事務所からスカウトもなかったため、西宮の隅の方でのほほんと過ごしていました。

事務局メンバー

24 年前の私は……

吉富 志津代（理事長から特別顧問へ）
震災ボランティアから FM わぃわぃの設立を経て市民団体の職員になり、「コミュニティビジネス」という新しい分野に期待を込めて FACIL の設立をしました。

李 裕美（副理事長、事務局長から理事長へ）
大学 2 年生。まさか 2 年後に FACIL に出会うなんて知る由もない。成人式にはチマチョゴリを着た。

村上 桂太郎（理事、総務部長）
某大学の社会学研究科というところで入院していました。自宅にこもって修論書く以外、酒屋通いだけが日課でした。

山口 まどか（事務局次長から理事・事務局長へ）
高校 3 年生。受験生だったはずだが、その年発売されたファイナルファンタジー VIII をやりきった感動の思い出しかない。

田口 靖幸（デザイナー）
東京から関西に来て 2 年目。大阪の生活に馴染めず苦悶の日々から脱するきっかけをくれた気功教室の門を叩いたころ。

平野 由美子（翻訳・通訳コーディネーター、医療通訳コーディネーター）
神戸在住 12 年目。長女 10 歳、次女 8 歳、長男 4 歳の母で、専業主婦でした。6 年後にふたたび社会人デビュー。

橋本 由里（翻訳・通訳コーディネーター）
この世に誕生して 1 年。ソウルと京都を行き来し、いつも空港ではしゃいでいたらしいです。

BUI THI HONG NHUNG（翻訳・通訳コーディネーター、医療通訳コーディネーター、ベトナム語翻訳・通訳者）
中学 3 年生。ベトナムのタインホア省内最難関校の受験勉強。日本のドラマをみて、日本語を習いたいと思った。

佃 由晃（理事 2015 年度～ 2019 年度）
企業退職後、メディア関連のボランティア

李 裕美（理事 2015 年度～現在／うち副理事長 2021 年度～ 2022 年度／理事長 2023 年度～）
FACIL 常勤職員／事務局長を経て理事長

村上 桂太郎（理事 2016 年度～現在）
FACIL 常勤職員／総務部長

川池 知代（理事 2020 年度～現在）
元 JICA 国際協力推進員及び防災分野業務調整員、元復興庁復興支援員

津田 和之（理事 2020 年度～現在）
弁護士

柏木 登起（理事 2020 年度～現在）
NPO 法人代表理事・明石市外郭団体常務理事

奥 尚子（理事 2022 年度～現在）
ソーシャルビジネスとして飲食店経営

藤井 英映（副理事長 2023 年度～）
自治体職員・ホテル会社社長を経て大学非常勤講師

山口 まどか（理事 2023 年度～）
FACIL 常勤職員／事務局長

喜多 芳昭（監事 2006 年度～ 2021 年度）
真珠貿易会社経理部長

河合 将生（監事 2021 年度～現在）
NPO 組織基盤強化コンサルタント

NPO法人取得後の役員リスト

※理事在任時の立場を記載しています。

吉富 志津代（設立代表者・理事長2006年度～2022年度／特別顧問2023年度～）
FACIL常勤から2011年より大学教員（人間環境学／多文化共生・移民政策）

山田 和生（副理事長2006年度～2019年度）
旅行会社経営

魚住 由紀（理事2006年度～2014年度）
アナウンサー（震災防災番組を担当）

神山 勝（理事2006年度～2011年度）
企業退職後、ラテン関連のボランティア

坂田 岳彦（理事2006年度～2022年度）
芸術系大学教員（グラフィックデザイン、ビジュアルコミュニケーション、ユニバーサルデザイン）

庄司 博史（理事2006年度～2019年度）
大学教員（社会言語学／言語政策論）

竹沢 泰子（理事2006年度～2021年度／うち副理事長2020年度～2021年度）
大学教員（文化人類学／人種主義、偏見・差別）

三谷 真（理事2006年度～2014年度）
大学教員（商業論）

吉野 太郎（理事2012年度～現在）
NPOのICT支援団体代表、大学教員（計算機物理学／科学技術社会論）

玉田 なつみ（たまだ なつみ）
大阪生まれ、奈良在住。2016年にインターンとしてFACILに関わり、現在は非常勤スタッフ。並行して大阪大学大学院言語文化研究科に在籍し、研究や学習支援活動を通して外国にルーツを持つ子どもたちやその家族からたくさんのことを学んでいる。いろいろな場所とアイデンティティを行き来しながら自分にできることを模索中。アニメ、音楽、お笑いがライフライン。

日比野 純一（ひびの じゅんいち）
新聞記者として、8年弱の勤務を経て退職した4日後に阪神・淡路大震災が発生。直後から救援ボランティア活動を始め、特に被災外国人支援活動に従事。世界初の災害ラジオ局FMわぃわぃの開設に参加。それから28年余り、たかとりコミュニティセンターを拠点に、多文化なコミュニティづくりに取り組んでいる。15年前からインドネシア、ペルーで防災をテーマに国際協力活動にも従事。

中牟田 和彦（なかむた かずひこ）
埼玉県生まれ。東京電機大学 工学部 電気通信工学科卒業。（株）東和エンジニアリング 東和通訳センター センター長。（一社）国際臨床医学会 代議員。防災士。著書に『医療通訳4.0』（連利博他、松柏社）など。大阪大学医療通訳養成コース・遠隔医療通訳サービス講師など。

東 伸也（あずま しんや）
1979年生まれ。2001年に神戸市内で民間企業に就職、製品開発業務を経て2011年に神戸市役所に入庁。市役所では観光部門、情報システム部門、市民病院での勤務を経て、2021年からは広報部門を担当。市民病院では4年間経営部門で計画策定・調整を担当。現在、神戸市市長室広報戦略部。0歳児の子育てと仕事との両立に奮闘中。

村松 紀子（むらまつ のりこ）
医療通訳研究会（MEDINT）代表。社会福祉士。愛知県立大学外国語学部非常勤講師。（一財）自治体国際化協会地域国際化推進アドバイザー。JICA関西国際協力推進員（外国人材・多文化共生）。前職は（公財）兵庫県国際交流協会外国人県民インフォメーションセンタースペイン語通訳・相談員。編著「実践医療通訳」（松伯社 2015）、共著「国際化と看護」（メディカ出版 2018）など。

三上 喜美男（みかみ きみお）
1958年生まれ。神戸新聞論説顧問。大阪外国語大学（現大阪大学外国語学部）モンゴル語学科卒。神戸新聞記者として社会部、阪神総局、姫路支社、文化生活部などで勤務。論説委員長を経て現職。

コラム執筆者プロフィール

※掲載順

平田 純子（ひらた じゅんこ）

1974年兵庫県西宮市生まれ。幼少時、三宮センター街の舶来雑貨店「ミッチャン」に連れられ、外国に興味を持つようになる。大阪大学在学中、カリフォルニア大学ロサンゼルス校に交換留学。スペイン語発音で「フンコ」とも呼ばれる。1999年より約2年、FACIL初代コーディネーターを務める。現在は電気機器メーカーにてESG外部評価を担当。趣味はバードウォッチング。

神田 裕（かんだ ひろし）

1958年兵庫県尼崎市生まれ。1988年カトリック司祭に叙階し、1991年たかとり教会へ赴任。1995年1月17日の阪神・淡路大震災後に、たかとり救援基地、被災ベトナム人救援連絡会議、神戸アジアタウン推進協議会、神戸定住外国人支援センター、NGO外国人救援ネット、エフエムわいわいの立ち上げに関わる。2000年よりたかとりコミュニティセンター理事長。

山田 和生（やまだ かずお）

阪神・淡路大震災の年、被災者の力になりたいと思い瓦礫の中に焼け残った建物での韓国民俗芸能パンソリの公演実現に奔走。2006年から14年間、FACILの副理事長として、人事や経理を中心に運営に関わる。仕事と生活を安心して続けられる待遇を目指し、就業規則を整備する議論に参加。特技は、決算書類をみて総会での突っ込みどころを見抜く眼力。本業は旅行業。

小島 祥美（こじま よしみ）

小学校教員、キッズ・FACIL職員を経て、岐阜県可児市のすべての外国籍児の就学実態を日本で初めて明らかにした研究成果により、同市教育委員会の初代外国人児童生徒コーディネーターに抜擢。愛知淑徳大学交流文化学部教授を経て、2021年度より現職（東京外国語大学多言語多文化共生センター長／准教授）。文部科学省外国人児童生徒等教育アドバイザー。

村上 桂太郎（むらかみ けいたろう）

1975年兵庫県生まれ。2001年11月、たかとりコミュニティセンターに拠点を置くツール・ド・コミュニケーションの職員となり、市民活動団体や在住外国人へのリサイクルパソコン提供活動やRe:Cプログラムを担当。団体統合により2007年よりFACIL職員。現在、息子に負けないためにバスケットボールのスキル習得と手強い母の介護に奮闘中。

編集委員会メンバープロフィール

吉富 志津代（よしとみ しづよ）

武庫川女子大学心理・社会福祉学部教授／国際センター長。南米の領事館秘書を経て、1995年の阪神・淡路大震災後は、外国人救援ネットやコミュニティ放送局ＦＭわぃわぃの設立に参加し、多言語環境の促進、外国ルーツの子どもの教育、外国人自助組織の自立などの活動に従事。2011年より、大阪大学大学院、名古屋外国語大学などの教員を経て現職。その他、NPO法人たかとりコミュニティセンター常務理事、兵庫県長期ビジョン審議会委員、兵庫県人権啓発協会人権問題研究アドバイザー、FMわぃわぃ代表理事（2016.3まで）など。神戸大学修士（国際学）、京都大学博士（人間・環境学）。

李 裕美（り ゆみ）

兵庫県尼崎市生まれ。在日コリアン3世。神戸大学在学中にFACILに出会い、インターンとして活動に参加。多様性あふれる、個性的で自由な人びとに圧倒される。開放的なオランダで留学生活を謳歌し帰国。一般企業へ就職、日本社会の見えざる壁を実感する。2010年にFACILに出戻って以降、見えざる壁を乗り越える仲間がいることに感謝の日々。アムステルダム大学修士（移民学）。

山口 まどか（やまぐち まどか）

神戸市に生まれ育ち、中学生で阪神・淡路大震災を経験。大阪大学卒業後、一般企業を経て、西宮市の消防士として8年間現場勤務。2014年からJICAボランティア（防災・災害対策）として中米のエルサルバドルで2年間活動。スペイン語発音では「ジャマグチ」と呼ばれる。2016年にハローワークの募集をみてFACILのスタッフとなり、2020年からは兵庫県立大学大学院減災復興政策研究科にも所属。趣味は、バイク、お酒、海外ドラマ。

編集後記

記録誌を作成中だというと必ず、区切りのよい周年記念のために準備していると思われる。そのため、何周年ですかと聞かれて「23年です（発行は24年目）」と言うと、その中途半端さにたいがい驚かれた。しかし、私たちは単なる記録誌を目指したのではない。最初は、長年取り組んでいる医療通訳の活動をきちんと記録しておきたいということだった。話し合ううちに、せっかくならFACILの活動の原点から書くことで、NPOが社会変革を目指しソーシャルビジネスとして挑戦し続けてきた変遷を広く社会に伝える本にしたいと考えた。寺山財団に相談したところ発行へ向けて応援していただけることになった。私たちの志や活動を理解し、ともすれば日々の忙しさにかまけて後回しになりがちな記録誌作成の背中を押していただいたことは感謝に堪えない。

本書を編んでみて、阪神・淡路大震災という苦難のあとに神戸に生まれた奇跡のように語られがちだが、実際には多様性あふれる人びとの出会い、葛藤、邂逅の日常があったのであり、その日常から逃げず真摯に向き合い、多様な人びととのつながりと支えがあったからこそ、FACILの挑戦に次ぐ挑戦の24年間が可能になったのだとわかった。多文化共生のまちづくりというFACILのミッションを達成するための挑戦はまだ続く。これからも多様な人びととの混沌の日々から逃げずに向き合えるか、つながり、支え合える関係性が築けていけるかどうか、ミッションとビジネスのあいだのバランスが崩れていないかどうかを確認し、挑戦し続けるために必要な本になったと自負している。ソーシャルビジネス、NPO、多文化共生、社会変革に興味がある方々にも参考になれば幸いである。

末筆ながら、本書作成にあたりご執筆・ご協力をいただいたみなさまと明石書店の方々にお礼を申し上げます。

NPO法人多言語センターFACIL
理事長　李 裕美

ソーシャルビジネスで拓く多文化社会

多言語センターFACIL・24年の挑戦

2023年9月30日　初版第1刷発行

監修者　吉富　志津代
編　者　特定非営利活動法人 多言語センターFACIL
発行者　大江　道雅
発行所　株式会社 明石書店

〒101-0021 東京都千代田区外神田6-9-5
電 話　03（5818）1171
FAX　03（5818）1174
振 替　00100-7-24505
https://www.akashi.co.jp

装　丁　明石書店デザイン室
印　刷　株式会社文化カラー印刷
製　本　協栄製本株式会社

（定価はカバーに表示してあります）　ISBN978-4-7503-5645-7

にほんでいきる　外国からきた子どもたち
毎日新聞取材班編　◎1600円

Q&Aでわかる外国につながる子どもの就学支援
「できること」から始める実践ガイド
小島祥美編著　◎2200円

JSLバンドスケール【小学校編／中学・高校編】
子どもの日本語の発達段階を把握し、ことばの実践を考えるために
川上郁雄著　◎各2000円

日本語を学ぶ子どもたちを育む「鈴鹿モデル」
多文化共生をめざす鈴鹿市＋早稲田大学協働プロジェクト
川上郁雄編著　◎2500円

対話で育む多文化共生入門
ちがいを楽しみ、ともに生きる社会をめざして
倉八順子著　◎2200円

難民とセクシュアリティ
アメリカにおける性的マイノリティの包摂と排除
工藤晴子著　◎3200円

外国人研修生の日本語学習動機と研修環境
文化接触を生かした日本語習得支援に向けて
守谷智美著　◎2600円

日本の「非正規移民」
「不法性」はいかにつくられ、維持されるか
加藤丈太郎著　◎3600円

ニューミュニシパリズム
グローバル資本主義を地域から変革する新しい民主主義
山本隆、山本惠子、八木橋慶一編著　◎3000円

国際移動の教育言語人類学
トランスナショナルな在米「日本人」高校生のアイデンティティ
小林聡子著　◎3600円

人権と多文化共生の高校　外国につながる生徒たちと鶴見総合高校の実践
坪谷美欧子、小林宏美編著　◎2200円

多文化社会に生きる子どもの教育
外国人の子ども、海外で学ぶ子どもの現状と課題
佐藤郡衛著　◎2400円

外国人児童生徒受入れの手引【改訂版】
文部科学省総合教育政策局男女共同参画共生社会学習・安全課編著　◎800円

新版 日本の中の外国人学校
月刊イオ編集部編　◎1600円

多文化クラスの授業デザイン　外国につながる子どものために
松尾知明著　◎2200円

「移民時代」の多文化共生論　想像力・創造力を育む14のレッスン
松尾知明著　◎2200円

〈価格は本体価格です〉

多文化共生のためのテキストブック
松尾知明著　◎2400円

多文化教育の国際比較　世界10カ国の教育政策と移民政策
松尾知明著　◎2300円

多文化教育がわかる事典　ありのままに生きられる社会をめざして
松尾知明著　◎2800円

新版 シミュレーション教材「ひょうたん島問題」
多文化共生社会ニッポンの学習課題
藤原孝章著　◎1800円

多文化共生キーワード事典【改訂版】
多文化共生キーワード事典編集委員会編　◎2000円

多文化社会の教育課題　学びの多様性と学習権の保障
川村千鶴子編著　◎2800円

深化する多文化共生教育　ホリスティックな学びを創る
孫美幸著　◎2400円

多文化共生のためのシティズンシップ教育実践ハンドブック
多文化共生のための市民性教育研究会編著　◎2000円

「生きる力」を育むグローバル教育の実践
生徒の心に響く主体的・対話的で深い学び
石森広美著　◎2000円

外国人の子ども白書【第2版】　権利・貧困・教育・文化・国籍と共生の視点から
荒牧重人、榎井縁、江原裕美、小島祥美、志水宏吉、南野奈津子、宮島喬、山野良一編　◎2500円

まんが クラスメイトは外国人　多文化共生20の物語
みなみななみ まんが
「外国につながる子どもたちの物語」編集委員会編　◎1200円

まんが クラスメイトは外国人 入門編　はじめて学ぶ多文化共生
みなみななみ まんが
「外国につながる子どもたちの物語」編集委員会編　◎1200円

まんが クラスメイトは外国人 課題編【第2版】　私たちが向き合う多文化共生の現実
みなみななみ まんが
「外国につながる子どもたちの物語」編集委員会編　◎1300円

【増補】新 移民時代　外国人労働者と共に生きる社会へ
西日本新聞社編　◎1600円

自治体がひらく日本の移民政策
人口減少時代の多文化共生への挑戦
毛受敏浩編著　◎2400円

姉妹都市の挑戦　国際交流は外交を超えるか
毛受敏浩著　◎2400円

〈価格は本体価格です〉

外国人の生存権保障ガイドブック
Q&Aと国際比較でわかる生活保護と医療
生活保護問題対策全国会議編 ◎1600円

ニューカマーの世代交代
日本における移民2世の時代
樋口直人、稲葉奈々子編著 ◎3600円

新 多文化共生の学校づくり 横浜市の挑戦
山脇啓造、服部信雄編著
横浜市教育委員会、横浜市国際交流協会協力 ◎2400円

外国につながる若者とつくる多文化共生の未来
協働によるエンパワメントとアドボカシー
徳永智子、角田仁、海老原周子編著 ◎2400円

外国人生徒と共に歩む大阪の高校
学校文化の変容と卒業生のライフコース
山本晃輔、榎井縁編著 ◎2600円

マイノリティの星になりたい
在日コリアン教師〈本音と本気〉の奮闘記
李大佑著 ◎2000円

フィリピン移住女性と日本社会
40年のインタラクション
もりきかずみ著 ◎2400円

出入国管理の社会史 戦後日本の「境界」管理
李英美著 ◎4000円

五色のメビウス 「外国人」と ともにはたらき ともにいきる
信濃毎日新聞社編 ◎1800円

ルポ コロナ禍の移民たち
室橋裕和著 ◎1600円

新大久保に生きる人びとの生活史
多文化共生に向けた大学生による社会調査実習の軌跡
箕曲在弘編著 ◎2500円

移民の子どもと学校 統合を支える教育政策
OECD編著 布川あゆみ、木下江美、斎藤里美監訳
三浦綾希子、大西公恵、藤浪海訳 ◎3000円

異文化間を移動する子どもたち 帰国生の特性とキャリア意識
岡村郁子著 ◎5200円

国際理解教育 教育と実践、交流を通じて国際理解教育の発展をはかる【年1回刊】
日本国際理解教育学会編 ◎2500円

現代国際理解教育事典【改訂新版】
日本国際理解教育学会編著 ◎4700円

移民政策研究【既刊14巻・年1回刊】
移民政策の研究・提言に取り組む研究誌
移民政策学会編

〈価格は本体価格です〉